Inhaltsverzeichnis

D1723325

Vorwort

Das vorliegende Dokument zur Übungswoche für Landschaftsgestalter und Ökologen in Dresden im September 1994 ist nicht nur als Zusammenfassung für die Teilnehmer gedacht. Die Veranstalter möchten darüber hinaus Einblick in eine Arbeitsweise geben, die von jedem auf seine Weise aufgegriffen werden kann. Es handelt sich nicht um Rezepte. Wer die gegebenen Anregungen aufgreift, kann nach und nach die Fähigkeit entwickeln, jeder natürlichen und sozialen Lebenssituation im Zusammenhang mit einem gegebenen oder noch zu findenden Gestaltungsmotiv gerecht zu werden. Gelingt es durch die Übungen, das eigene Denken beweglicher zu machen, sich besser auf die Wahrnehmung einzulassen, sich dabei von den eigenen Vorurteilen zu befreien und selbst eine sachgemäßere Einsicht in die beweglichen Lebenszusammenhänge der betrachteten Objekte zu gewinnen, so kann das verständlicherweise jedem Naturschützer, Ökologen oder Landwirt, aber auch jedem Gestalter nur wertvoll sein.

Sehr wichtig erscheint uns aber, daß schließlich jeder Laie Anregungen findet, Freude an einem einfühlenden Anschauen, Pflegen und Gestalten der Natur zu gewinnen und seine Vorlieben im richtigen Verhältnis zur jeweiligen Gesamtsituation sehen zu lernen.

Nur dadurch wird der Fachmann die entsprechende einsichtige Unterstützung bekommen.

An dieser Stelle sei als erstes mein Dank für die gute Zusammenarbeit mit dem Dezernat für Umwelt und Kommunalwirtschaft der Landeshauptstadt Dresden ausgesprochen. Außer dem Bürgermeister von Dresden und Leiter des Dezernates für Umwelt und Kommunalwirtschaft, Klaus Gaber, und den direkt beteiligten Mitarbeitern möchte ich besonders Herrn Dietrich Buschbeck vom Umweltamt für seinen vermittelnden Einsatz danken, ohne den die ganze Arbeit nicht zustandegekommen wäre. Repräsentativ für manchen hier Ungenannten sei Herrn Dr. Emil Weinmann wärmstens gedankt für seine vielfältige Hilfe vor und während der Tagung. So wurde es möglich, daß die Arbeit sowohl menschlich als auch organisatorisch einen solch guten Ablauf haben konnte.

Jochen Bockemühl,
Leiter der Naturwissenschaftlichen Sektion der
Freien Hochschule für Geisteswissenschaft,
Goetheanum, Dornach

Einführung

Mensch und Umwelt

Die heutige Gesellschaft wird immer leistungsfähiger. Wer freut sich nicht über das wachsende Angebot an Konsumgütern, Verkehrsmitteln usw. und schaut doch gleichzeitig besorgt auf die damit verbundenen weltumgreifenden Umweltzerstörungen und sozialen Probleme. Nur allzu leicht verschließen wir die Augen vor den selbstverursachten Folgen, um in gleicher Weise weitermachen zu können. Was da unbeabsichtigt auftritt und worin wir den Verlust von Lebenswert empfinden, sollte aber vermehrt Anlaß zur Besinnung über unsere Denk- und Handlungsweise werden.

Den ganzen Menschen zum Erkenntnisorgan erheben

Die moderne Bewußtseinsentwicklung hat eine Technik hervorgebracht, mit der sich der Mensch unbemerkt aus gewachsenen Lebenszusammenhängen und natürlichen Erlebnisbezügen herausgelöst hat. Die Folge ist vielerorts eine Verwahrlosung von Natur und Landschaft, in der sich Einzelinteressen chaotisierend geltend machen. *Demgegenüber gilt es Erlebnisbezüge neu wahrzunehmen und sie so in Gestaltung umzusetzen, daß von ihnen Belebung ausgeht. Um ein solch künstlerisches Bestreben in unserer Lebensumgebung, in Landespflege, Naturschutz, Architektur usw. real wirksam werden zu lassen, gilt es, wahrnehmend, erlebend und die eigenen Beurteilungskriterien und Intentionen besinnend tätig zu werden.*

Eine der wichtigsten Aufgaben ist es heute, den persönlichen Bezug zum betrachteten Ort und seinen Problemen sowie zum Ganzen der Landschaft für jeden Menschen einsichtig zu machen. Die Kunst der Planung und Entwicklung der Landschaft besteht darin, diese Einsicht zu fördern und einzubeziehen. Hierzu erweist es sich bereits für den Planer als notwendig, darauf zu achten, wie jede konkrete Situation eine besondere Betrachtungsart fordert und welchen Einfluß bereits bei der Bestandsaufnahme die eigene Blickrichtung hat - in diesem Sinne kann auch der Planungsprozeß samt aller beteiligten Interessengruppen als eine solche konkrete Situation aufgefaßt werden.

All dies verlangt letztendlich eine Schulung innerer Fähigkeiten des Menschen an der Wahrnehmung.

Die Idee der Übungswoche

An Konzepten solcher Art und an Wegen zu deren praktischer Umsetzung wird von den Mitarbeitern im Forschungsinstitut am Goetheanum (in Dornach, Schweiz) seit etlichen Jahren gearbeitet. Es entstanden Kurse und Seminare in Dornach und an vielen Orten der Welt. Regelmäßige Übungswochen mit Landschaftsgestaltern und Ökologen schlossen sich an mit dem Ziel, innere Fähigkeiten auf diesen Gebieten auszubilden. Damit sich regional, fachlich und methodisch unterschiedliche Bestrebungen in der Zusammenarbeit vielfältig begegnen, wurde im Sommer 1993 die Übungswoche in Berlin durchgeführt.
Der Arbeitskontakt zwischen den Mitarbeitern des Forschungsinstitutes und dem Umweltdezernat der Landeshauptstadt Dresden ergab sich mit der Ausstellung „Erwachen an der

1

Landschaft" des Forschungsinstitutes am Goetheanum, die im Mai 1993 im Hygienemuseum in Dresden gezeigt und von gemeinsamen Veranstaltungen begleitet wurde. Daraus ergab sich das Anliegen, die Zusammenarbeit in einer Landschaftswoche in Dresden im September 1994 fortzusetzen, um gemeinsam vor Ort Themen der Landschaftsgestaltung aufzugreifen. Die Übungswoche fand denn auch schließlich vom 10. bis zum 17. September 1994 statt. Als Tagungsort wurde Dresden-Pillnitz, das am östlichen Rand der sächsischen Landeshauptstadt inmitten einer Kulturlandschaft gelegen ist, ausgewählt.

Der Seminarraum: Das zum Tagungszeitpunkt kurz vor der Wiedereröffnung stehende, frisch renovierte Palmenhaus im Pillnitzer Schloßpark

Der Tagungsort: Schloß Pillnitz in Dresden

Arbeitsgruppen

Die Arbeitsgruppen dienten dazu, sich vor Ort mit konkreten Gestaltungsfragen auseinanderzusetzen. Gemeinsam wurden fünf verschiedene Gebiete ausgewählt, in denen Gestaltungsbedarf gesehen wurde.

Jedes dieser fünf Gebiete (Trabantensiedlung Prohlis, Elbealtarm bei Tolkewitz, Pappelwäldchen in Loschwitz, Elbuferwiesen, Heilpädagogische Schule in Bonnewitz) konfrontierte die Teilnehmer mit je anderen Problemen. Jede Fragestellung verlangte eine andere Art der Auseinandersetzung. Der Vergleich der Arbeitsgruppen öffnete das Bewußtsein für die je besondere Blickrichtung, die sich letztendlich sogar in den unterschiedlichen Stilen der Arbeitsgruppenberichte in dieser Borschüre niederschlagen. Für die Gruppenarbeit standen pro Gebiet vier Nachmittage zu je 3,5 Stunden zur Verfügung. Damit der Austausch zwischen den einzelnen Arbeitsgruppen möglichst rege verlaufen konnte, hatten alle Teilnehmer auf einer Ganztagsexkursion (am Montag der Übungswoche) die Gelegenheit, alle Gebiete gemeinsam zu besichtigen.

Die Arbeitsgruppen wurden begleitet durch: Susanne Becker (Hydrologin, Dresden), Cornelis Bockemühl (Geologe, Dornach), Mathias Buess (Biologe, Dornach), Thomas Hoffman (Mathematiker und Plastiker, Überlingen), Cristobal Ortin (Architekt, Dornach), Jörg Richter (Umwelttechniker, Dresden), Dorothea Roggan (Garten- und Landschaftsarchitektin, Dresden), Werner Schneider (Biologe, Dornach), Marianne Schubert (Landschaftsarchitektin, Dornach), Harald Wolf (Wasserwirtschaftler, Dresden),

Skizze zur Lage der Arbeitsgruppengebiet

Hans-Christian Zehnter (Biologe, Dornach).
Die tägliche Vormittagsarbeit mit Jochen Bockemühl beschäftigte sich mit dem methodischen Ansatz und versuchte, die Erfahrungen aus den Arbeitsgruppen im Plenum zusammenzuführen.

Wochenplan

Sa	10.9.	ab 14.00	Anreise, Anmeldung, Quartierbezug
		16.00	Begrüssung durch einen Vertreter der Landeshauptstadt Dresden, Einstieg
		18.00	Abendessen
		19.30	Arbeitsgruppenvorstellung Einführungsvortrag
So	11.9.		siehe Tagesplan
Mo	12.9.	9.00-17.00	gemeinsame Besichtigung der Projekte
		19.30	Vortrag Michael Kaiser: Stadtentwicklung
Di	13.9.		siehe Tagesplan
		19.30	Kultureller Abend
Mi	14.9.		siehe Tagesplan
Do	15.9.		siehe Tagesplan
		19.30	Vortrag Prof. Claus Oertel/Dresden: Ökologischer Landbau in Sachsen
Fr	16.9.	Vormittag	siehe Tagesplan
		Nachmittag	Abschluss der Projekte
		Abend	Tagesrückblick und Vorschau
Sa	17.9.	9.00-17.00	Exkursion in die nähere Umgebung von Pillnitz Leitung: Dr. Pfannkuchen

Tagesplan

8.30-9.00	gemeinsamer Beginn (Eurythmie oder Singen)
9.15-10.15	gemeinsames Seminar mit Dr. Jochen Bockemühl
10.30-11.30	Arbeitsgruppen-Rückblicke
12.30-17.30	Arbeitsgruppen
18.00	Abendessen
19.00	Betreuertreffen
19.30-21.00	Abendvortrag

Zu dieser Broschüre

Sich an einem Prozeß zu beteiligen und ihn dabei bewußt wahrzunehmen bedeutet, sich selbst in die eigen gestaltete Entwicklung zu stellen. Die Broschüre begründet diese Erkenntnis als Leitbild für den Umgang des Menschen mit Natur und Landschaft und zeigt zudem Schritte auf, wie ein solches Vorhaben im konkreten Einzelfall angegangen werden kann. Hiermit sind zugleich die zentralen Anstöße gegeben, die von dieser Broschüre ausgehen können. Diese Gegebenheit war der Anlaß, den Titel der Übungswoche „Menschenfernes und menschennahes Gestalten" für die vorliegende Broschüre in „Menschen gestalten Entwicklung" zu verwandeln.

Hält man dieses Buch in den Händen, kann man innerlich in das folgende Spannungsfeld geraten: Zum einen kündigt es sich im Untertitel als „Dokument zur Übungswoche ... in Dresden" an, scheint also durch den Bezug zu einem einmaligen, inzwischen verjährten Ereignis in einer deutschen Stadt von einem eher vergänglichen und lokalen Wert. Auf der anderen Seite erscheint dieses „Dokument" in einer durchaus aufwendigen Buchgestaltung, nimmt also – scheint's – einen eher unvergänglichen und überregionalen Wert für sich in Anspruch. Diese Spannung löst sich im eigentlichen Ziel des Dokumentes auf: menschennah – und nicht abstrakt – wird versucht, einen natur- und menschengemäßen Ansatz für den Umgang mit der Kulturlandschaft zu formulieren. Die landschaftsgestalterischen und ökologischen Anliegen der Stadt Dresden geben für den im Seminar und in den Arbeitsgruppen der Übungswoche vermittelten Inhalt einen realen Alltagsbezug. Der Leser wird also mit konkreten Übungsanleitungen an eine Naturanschauung herangeführt, die seine Verbindung zur Welt erneuert und verlebendigt.

Hieraus ergibt sich ein Adressatenkreis, der sich von den Bürgern Dresdens (und anderer Kommunen) über Studenten der Landschaftsgestaltung (oder weiterer ähnlich ausgerichteter Fächer) bis hin zu bereits in diesem Aufgabenfeld Berufserfahrenen erstreckt.

In ihrem Alltagsbezug und in ihrer Bildhaftigkeit besteht die Broschüre aus Texten zum Nach-Denken und aus Übungen zum Nach-Machen. Das heißt, daß der Inhalt sich erst durch die aktive Beteiligung des Lesers - vielleicht auch erst nach und nach - erschließen läßt. Insofern stellt sie kein „einfaches" Lesebuch, sondern vielmehr ein Arbeitsbuch dar. Sie fordert zur Auseinandersetzung auf.

Dennoch bleibt „Menschen gestalten Entwicklung" in vielerlei Hinsicht ein Stückwerk. Dies gilt zum einen in bezug auf die ganz sicher nicht erreichte, aber auch nie beabsichtigte Vollständigkeit der dokumentarischen Seite. Dies gilt aber auch in bezug auf den durch das Forschungsinstitut am Goetheanum in Anknüpfung an J.W. von Goethe und R. Steiner entwickelten Ansatz zur Landschaftsbetrachtung. Aus diesem Grund sei hier im speziellen auf drei weiterführende Veröffentlichungen hingewiesen:

Jochen Bockemühl (Red.) (1980): Lebenszusammenhänge – erkennen, erleben, gestalten. Naturwissenschaftliche Sektion am Goetheanum.

Jochen Bockemühl (1984): Sterbende Wälder – eine Bewußtseinsfrage. Philosophisch-Anthroposophischer Verlag am Goetheanum.

Jochen Bockemühl (Hrsg.) (1992): Erwachen an der Landschaft. Philosophisch-Anthroposophischer Verlag am Goetheanum.

I
Landschaftswoche und Weltbevölkerungskonferenz

Werner Schneider

Landschaftswoche und Weltbevölkerungskonferenz

Werner Schneider

Eine Einzelheit – auch eine so kleine Veranstaltung wie diese Übungswoche – erhält ihren Sinn durch die Einbettung in andere Ereignisse. Ein solches Ereignis ist die Weltbevölkerungskonferenz, die eine Woche vor dieser Übungswoche in Kairo stattfand. Eine Konferenz, die auf den ersten Blick weder in Stil noch Inhalt etwas mit der unseren zu tun hatte. Und doch besteht eine Beziehung. Und zwar insofern, als unsere kleine Tagung vielleicht eine stille Antwort auf die Fragen geben kann, die in Kairo so laut bewegt wurden.

Im folgenden soll nun gezeigt werden, wie dies gemeint ist. Lesen wir dazu zuerst einige Zeilen aus einem Aufsatz von Markus Lohr, der am 3. September 1994 im Magazin der *Basler Zeitung* in Hinblick auf die Weltbevölkerungskonferenz veröffentlicht wurde:

„Diese Sicht der Dinge offenbart sich auch in der Terminologie, welche die öffentliche Diskussion um das Wachstum der Weltbevölkerung prägt. Wo eigentlich Menschen gemeint sind, ist von „Fluten", von einer „Explosion", von einer „Zeitbombe" die Rede. Die Wahl solcher Begriffe entspringt nicht nur der unbestreitbaren Dramatik der Problemlage. Sie ist zugleich Ausdruck großer Distanz: Wer von der „Bevölkerungsexplosion" spricht, meint in der Regel die andern. Die andern, das sind die Länder des Weltsüdens."

Wenn man ein Problem von sich wegschieben will, so ist darin meist etwas versteckt, dem man lieber nicht in die Augen blicken möchte. In unserem Fall ist dies wohl vor allem die Problematik des Wohlstandes, denn Demographen fordern zur Dämpfung des Bevölkerungswachstums unter anderem eine Anhebung des allgemeinen Wohlstandes.

Was heißt nun aber Wohlstand: „Wohl-Stehen", es ist mir wohl, meine Grundlebensbedürfnisse sind befriedigt, ich habe ein Dach über dem Kopf, ich habe zu Essen usw., ich fühle mich so wohl, daß ich aktiv sein kann im Leben, daß ich das Leben in die Hände nehmen und mich lernend entwickeln kann – so das frische, rotbackige Gesicht des Wohlstandes.

Nun hat eben dieser Wohlstand noch ein zweites Antlitz: nämlich das eines nimmersatten Drachens, der alles verschlingt und rücksichtslos die Erde ins Verderben stürzt.

Nur schon die Vorstellung, daß in China 500 Millionen neue Autos in den Verkehr genommen werden müßten, um die gleiche Autodichte zu erreichen wie in der Schweiz, weckt Schrecken und Sorgen. Bedenkt man solche und ähnliche Dinge, so ist das Weltbevölkerungsproblem plötzlich nicht mehr das Problem der anderen, sondern unser ureigenstes, und damit unangenehm und bedrängend.

Wir stehen vor der Frage, wie es denn kommen kann, daß das gesunde, fröhliche Gesicht des Wohlstandes sich in eine Fratze verwandeln kann.

„Wohl-Stehen" äußert sich bei kleinen Kindern in sprudelnder, nimmermüder Tätigkeit. Sie spielen, springen, graben, zeichnen usw., usf. Ein paar Hölzer, ein paar Tücher, etwas Sand oder Erde können ihnen ganze Welten bedeuten. Ein Nichts kann alles sein.

Im Laufe der Kindheit versiegt bei den meisten Kindern diese muntere Quelle. Das Handeln muß einen äußeren Zweck erfüllen, es wird zielorientiert. Das Ergebnis einer Handlung wird kritisch betrachtet und ist wichtiger als das Erleben während des Tätigseins.

Anfänglich sind die Ziele bescheiden. Mit der Zeit verliert aber das früher Erstrebenswerte seinen Reiz. Neues muß gefunden, stärkere Eindrücke hervorgebracht werden.

An diesen Auseinandersetzungen entwickelt sich das Selbstbewußtsein des Heranwachsenden. Etwas erreicht zu haben, etwas zu können, vor den andern etwas zu gelten ist für junge Menschen mindestens so wichtig wie das tägliche Brot.

Was geschieht nun, wenn sich nicht nur einzelne Menschen, sondern ganze Gesellschaften entschieden auf diesen Weg der zunehmenden Raffinesse, der immer beeindruckenderen äußeren Gestaltungen begeben?

Dann plant man Mondflüge oder riesige, permanent bewohnte Raumstationen, 50 Kilometer lange Tunnels unter den Alpen oder immer weitere Autobahnen, um noch schneller zu sein usw. Alles Projekte mit immer eindrücklicheren Ergebnissen, die das Selbstbewußtsein einzelner Menschen und auch ganzer Nationen heben können, die aber auch viele unliebsame Nebenwirkungen haben.

Ist dies nun einfach unausweichliches Schicksal der Menschheit? Kann die Zerstörung, die mit dem Erwerb des Selbstbewußtseins verbunden ist, überhaupt verhindert werden?

Statt durch immer raffiniertere äußere Gestaltungen der Gefahr der Stagnation zu entgehen, könnte man ja auch versuchen, die Erlebnisfähigkeit als solche zu steigern. Kurz, an dem Äußeren einfach mehr zu erleben.

Adalbert Stifter wurde einmal vorgeworfen, daß er sich in seinen Werken nur mit Alltagsbanalitäten befasse. Er antwortete, daß es im Leben darauf ankäme, eine Pfanne überkochender Milch ebenso umfassend zu erleben wie einen brodelnden Vulkan.

So Adalbert Stifter im letzten Jahrhundert. Unser Jahrhundert scheint sich wenig um Stifters Rat gekümmert zu haben. Ist der Aufruf zur Steigerung der Erlebnisfähigkeit also doch nur ein frommer Wunsch, den man zwar aussprechen kann und dem die meisten Menschen auch beipflichten, um den sich aber in Wirklichkeit niemand kümmert, eine nette aber aussichtslose Sache?

Zwei Beispiele aus unserem 20. Jahrhundert sollen nun deutlich machen, daß Stifters Anregung vielleicht doch nicht ganz umsonst war, ja daß sie sogar noch eine wesentliche Erweiterung erfahren hat.

Ein Beamter aus Zürich zog nach seiner Pensionierung in ein kleines Dorf in der Südschweiz im abgelegenen Onsernonetal, kaufte sich ein Haus mit einem Garten und begann nun mit einer besonderen Art der Gartengestaltung. Er machte keine großen Eingriffe, sondern setzte nur kleine Merkzeichen, Symbole, die ihn beschäftigten. Eines der Symbole etwa war die Einsteinsche Formel $E = m \times c^2$. Er schrieb diese Formel auf ein Zettelchen und hängte es an einen Ast im Garten. Überall im Garten fanden sich nun derartige Zeichen.

Das zweite Beispiel: Richard Long, ein englischer Künstler, nahm sich vor, auf gerader Linie quer durch England zu wandern. Er begann an der Westküste und warf einen Stein in das Meer. Jedesmal, wenn er ein Gewässer überqueren mußte, warf er wieder einen Stein in das Wasser, bis er die Ostküste erreichte und auch hier einen Stein in das Meer warf. Die ganze Wanderung zeichnete er auf eine Karte und markierte jeden Steinwurf mit dem Wort „splash". Die Karte wurde Teil einer Ausstellung.

Beides etwas verrückte Taten an der Grenze des „Normalen", in der Wiederholung lächerlich. Und doch scheinen sie mir Hinweise auf etwas ganz Wesentliches zu enthalten. Beide Menschen knüpfen ihr Tätigwerden an die äußere Welt an. Sie ziehen sich nicht in Form einer Innenschau aus der „Welt" zurück. Beide vollziehen minimalste Gestaltungseingriffe, die kaum von Dauer oder äußerer Pracht sind. Beide empfinden dieses Wenige aber offenbar als ganz wesentlich. Das, was an äußerer Gestaltung velorengegangen ist, haben die beiden Menschen mit innerer Anteilnahme, mit innerer

Gestaltung wettgemacht. An einer kleinsten Tätigkeit im Äußern erwacht innere Erlebniskraft.

In diesem Sinne hat jede äußere Tätigkeit eine Innenseite, jede Tagesaktivität eine Nachtseite. Diese Nachtseite – wir können sie auch als die Schlafseite oder die Todesseite der menschlichen Existenz bezeichnen – zu stärken scheint der Mahnruf zu sein, der von den Problemen der Ressourcenverschwendung und der Überbevölkerung ausgeht. Wir sind aufgerufen, an der Tagseite des Lebens für die Nachtseite aufzuwachen. Das Dichterwort „Die Nacht ist tief und tiefer als der Tag gedacht" kann uns Mut machen, daß dieser Weg nicht ein Weg des Verlustes, sondern ein Weg des Gewinnes sein kann.

Auch für den Landschaftsgestalter kann dieser Ruf Konsequenzen haben. In Zukunft kann es immer weniger darum gehen, geniale Pläne zu entwerfen und eindrücklichste Gestaltungen zu realisieren, vor denen Menschen nachher staunend stehen können, sondern darum, die Menschen im Sinne des Beispieles von Adalbert Stifter zum Gestalten anzuregen.

So wird eine Gestaltung in Zukunft wohl mehr von ihrer Fülle an Bereicherung während der Planung und von der Anregungskraft, die im fertigen Zustand von ihr ausgeht, zu beurteilen sein denn von ihrer Komplexität oder äußeren Brillianz.

II
Seminar zu den methodischen Ansätzen

Jochen Bockemühl

Seminar zu den methodischen Ansätzen

Jochen Bockemühl

1. Einführung in die Situation Dresden: Erleben von Heimat mit deren Vielfalt und Widersprüchen

Dresden bedeutet für jeden etwas ganz Bestimmtes, und doch läßt sich das nicht leicht in Worte fassen. Als Kind war für mich Dresden unser Haus auf der Loschwitzhöhe mit Blick auf die Babisnauer Pappel; der Steinbruch bei der Mordgrundbrücke, wo ich Schlangen fing; vor Weihnachten der Strietzelmarkt im Zentrum der Stadt; später die Ufer der Elbe, an denen wir entlangradelten; der Hechtwagen, die Schwebebahn und schließlich auch der Zwinger mit der Sixtinischen Madonna. Diese Vielfalt schloß sich zusammen zu *einem* Bild. All dies waren Aspekte meiner Heimat, in der ich geboren und aufgewachsen bin.

Blick von Oberloschwitz auf Elbe und Stadtzentrum

Heute kann ich eine solche Ansicht von Dresden sehr in sehr verschiedenen Weisen sehen: die zerstörte Stadt, in der man vieles, woran man sich erinnert, vergeblich sucht; neu Gebautes, durch das eine andere Sicht entstand; sowie viele Möglichkeiten, hier oder da etwas umzugestalten.

Jeder, der Dresden kennt, hat seine eigenen Bilder von dem „einen" Dresden, ist lebensmäßig ganz verschieden damit verbunden. Je wacher jeder Erwachsene hinschaut, desto mehr wird ihm aber auch Widersprüchliches im Leben der Stadt, im Leben der Menschen sichtbar, das sich nicht ohne weiteres auflösen läßt. Jeder würde anderes umgestalten oder bewahren wollen. Man kann geradezu sagen:

Im Erkennen und Erleben der Widersprüche in allem, was einem begegnet, drückt sich das moderne Bewußtsein aus

Das fordert aber auch dazu auf, diese Widersprüche zu überwinden. Wie ich als einzelner Mensch in der Jugendzeit zuerst in einem geschlossenen Weltbild lebte, das mit meiner Umgebung zusammenstimmte, und erst später dazu soweit Abstand gewann, daß ich Widersprüchliches darin entdeckte, so ist es offenbar auch in der Menschheitsgeschichte gegangen. Das läßt sich sehr anschaulich an der Architekturgeschichte (Kap. II.2.), aber auch am Umgang des Menschen mit der Natur (Kap. II.3.) ablesen.

2. Entstehen von Widersprüchen in der Architekturgeschichte

In der Zeit, als man in einem Land romanisch baute, gehörte der romanische Stil zum Lebensgefühl der damaligen Menschengemeinschaft. Die Vergangenheit interessierte zum Bewahren von Traditionen, aber nicht als etwas, was *neben* der jeweiligen Gegenwart irgendeinen Sinn gegeben hätte. Man ging dann z.B. von der romanischen Bauweise zur gotischen über, weil einem das „Alte" nicht mehr gefiel. Die Verwandlung des Bewußtseins ging mit der Verwandlung des Stilgefühles der Menschen einher. Niemandem wäre es eingefallen, frühere Stile zu restaurieren.

Man befand sich in Entwicklung, aber wurde sich ihrer nicht bewußt.

Selbst in Renaissance und Barock lebte man noch weitgehend in einem gemeinsamen Erlebnisstrom, dem jeweiligen Stil der Zeit.

Erst mit dem Fortschritt der Naturwissenschaft und Technik wurde die Fähigkeit, Entwicklung von außen als einen Ablauf von Geschehnissen auf der Erde zu betrachten, Allgemeingut. Jetzt wurde die Vergangenheit interessant. In Fossilien, Kunstgegenständen, alten Gebäuden, schließlich auch in Landschaften entdeckte man die Zeugen verschiedener Entwicklungsepochen.

Das "Blaue Wunder" in Dresden (Loschwitz / Blasewitz)

Rekonstruierend machte man sich davon immer deutlichere Situationsbilder, was sich schon in der Renaissance vorbereitete.

Im letzten Jahrhundert schließlich fühlte man sich wirklich frei, in jedem Stile zu bauen. Zudem erlaubte die Technik in ungeahnter Weise, noch nie Dagewesenes zu verwirklichen (Blaues Wunder, Bergschwebebahn in Dresden).

Mit dem Entdecken der Vergangenheit in der Gegenwart entstand also Freiheit für individuelle Gestaltung – aber auch die Widersprüchlichkeit! Indem die neu gewonnenen Vorstellungen tatsächlich in Bauwerke übergingen, wurden die Widersprüche immer mehr offenbar, und es regte sich der Wille, diese zu überwinden. So versuchte man im Jugendstil der Zerrissenheit mit der Idee des Gesamtkunstwerkes entgegenzuwirken.

Man suchte die Einheit dadurch, daß man jede Einzelheit gestalterisch auf das Ganze bezog. Diese Bestrebung verflachte allerdings überall dort, wo man beim mehr Dekorativen blieb und nicht realisierte, *daß sich die Ganzheit immer nur im Menschen*

Gartenstadt Hellerau in Dresden

bildet, der die Architektur erlebt. Je mehr die Gestaltung die tatsächliche Funktion der Einzelelemente in ihrem Zusammenwirken zum Erlebnis werden läßt, desto mehr fühlt sich der betrachtende Mensch auch im Zentrum des Ganzen. Dem versuchte Rudolf Steiner (1861-1925) gerecht zu werden, indem er einerseits das Bildeprinzip der lebenden Natur (im Sinne von Goethes Metamorphose der Pflanze) in die Kunst einführte. Andererseits sollte die äußere Form dem inneren Ereignis entsprechen. Dadurch nahm er auf seine Weise den Funktionalismus, der sich später, z.B. im Bauhaus, allein darauf beschränkte, daß die Form der Funktion zu folgen habe, vorweg.

Das 2. Goetheanum und seine Nebenbauten in der Intention eines Gesamtkunstwerkes in Dornach (CH)

Die Entwicklung führte dann in Architektur und Handwerk auf verschiedenen Wegen zu einer neuen Sachlichkeit (z.B. die 1909 in Dresden gegründete Gartenstadt mit den Deutschen Werkstätten Hellerau).

Der Funktionalismus drängte dann immer mehr zu Einförmigkeit und Abstraktion. Die Funktion wurde immer rationeller und zugleich weniger in der Gestaltung erlebbar. Schließlich ist auch die Plattenbauweise ein aus der Not entstandener Ausläufer dieser Richtung. Daneben wurden auch die Restaurierungsbestrebungen für das Alte immer stärker.

Wir stehen heute durch die Zivilisationsentwicklung verschärft vor der Anforderung, speziell in der Landschaftsgestaltung, aber auch im eigenen Leben das jeweilig die Gegensätze Verbindende zu finden.

Indem wir im folgenden auf die Frage des Umgangs mit der Landschaft eingehen, sei versucht, Landschaft als ein von Menschen durch eine lebendige Naturanschauung zu erfassendes Gesamtkunstwerk anzusehen.

3. Entstehen von Widersprüchen im Umgang mit der Natur

Ein der Architekturgeschichte entsprechender Prozeß läßt sich für den Umgang mit Natur aufzeigen. Dort beginnen ebenfalls die Probleme bei der Frage nach der Rolle des Menschen, nur auf andere Weise: Man ist geneigt, aus der Vergangenheit überkommene Landschaften, die man als schön erlebt, wie natürlich entstanden anzusehen und unter Naturschutz zu stellen. Sie hätten aber ohne den Einfluß des Menschen nicht entstehen können.

Allerdings besteht ein grundsätzlicher Unterschied zwischen Landschaftsgestaltung und Architektur: Das Erscheinungsbild der Natur in einer Kulturlandschaft ist *nicht nur* Ausdruck menschlichen Gestaltungswillens, sondern entwickelt sich jeweils selbständig weiter. Drei Prinzipien spielen da ineinander:

1. Mit Bodenbearbeitung und Pflanzung bzw. Säen kann der Mensch eingreifen, Anfangsbedingungen setzen. Jede Pflanze beginnt für sich als einzelne zu wachsen. Aus dem Unbestimmten der Samen (und auch Knospen) entwickeln sich immer spezifischere Gestaltungen.

2. Im Laufe des Jahres streben diese mehr und mehr in ein *differenziertes Ganzes* zusammen. So entsteht von der Natur aus ein vielfältiges Gesamtbild, in dem alle Einzelheiten der Standortsituation in überschaubarer Weise miteinander verbunden sind und die auch die Intentionen des Menschen beinhalten.

3. Im Herbst fällt dieses Bild z.T. wieder auseinander, und die weitere Entwicklung setzt an der verbliebenen Grundstruktur neu an. Im Bemerken dieses Auseinanderfallens sind aber noch die Erinnerungen an den Sommer enthalten.

In diesem ganzen Prozeß der *Vegetationsentwicklung* findet die Tierwelt ihre Lebensmöglichkeiten. In Gestalt und Verhalten der einzelnen Tierarten wird sichtbar, welche Bezüge für sie jeweils wesentlich sind. Auf diese Weise bilden sich charakteristisch *durchlebte* Räume, die das wahrnehmbare Bild weiter modifizieren (z.B. Nestbau, Wildwechsel, Fressen).

Diese Schilderungen geben ein Bild für die Ausbildung und Entwicklung einer sichtbaren Ganzheit aus den sie konstituierenden Einzelheiten (Pflanze, Tier, Mensch) in einem gemeinsamen Lebensstrom.

Baum im Herbst und im Sommer

Schon an einem einzelnen Baum lassen sich diese Vorgänge beobachten. Er strebt mit seinen Jahrestrieben in alle Richtungen auseinander und fügt sich damit zugleich in das Ganze der Krone ein. Im Herbst löst sich gewöhnlich die Geschlossenheit wieder auf. Es bleibt nur noch das blattlose „Skelett". Aber dieses zeigt nun noch etwas anderes: Der Baum macht nicht nur im Jahreslauf, sondern auch über die Jahre oder gar Jahrhunderte eine Entwicklung durch. Diese sieht man ihm an, weil im *Gegenwärtigen* der Stamm- und Astbildung das *Vergangene in verwandelter* Form erhalten bleibt.

Der Mensch sieht in der Fortsetzung dieser Entwicklung verschiedene Möglichkeiten. Bei einem Apfelbaum greift der Obstbauer so ein, daß er die vorangegangene Entwicklung im Erscheinungsbild aufsucht und deren Bildungsmöglichkeiten in die Zukunft abschätzt. In der Natur würden sich diese gegenseitig behindern. Mit dem Schnitt kann er den Weg für bestimmte, von ihm gewünschte Bildungsrichtungen freimachen. So gehen Intentionen des Menschen in die Entwicklung des Baumes ein.

These: Parallel zur Baugeschichte läßt sich formulieren: Solange die Menschen an einem Ort mehr instinktiv im Einklang mit der Natur lebten, fügten sich ihre Intentionen auch in diesen Entwicklungsstrom ein. Es entstanden Landschaftsbilder und Lebenszusammenhänge, die man heute festhalten oder restaurieren, unter Naturschutz stellen möchte, während man im Drang des Fortschrittes, nach rationellen Gesichtspunkten Neues zu gestalten, dem entgegenwirkt und diese Bilder immer mehr auslöschen möchte.

Die so entstehenden Widersprüche sind in den individuellen Bestrebungen der Menschen begründet, die ihre Vorbilder von überall her holen, indes nur selten aus dem konkreten Zusammenhang, dem sie sich zuwenden. Sie leben mit ihren mitgebrachten Vorstellungen unterschiedlichster Landschaften ohne bewußte Beziehung zur Gesamtlandschaft.

Das zeigt sich z.B. in Schrebergartenkolonien oder Vorgärten. Das Widersprüchliche im Erleben solcher Situationen wird verschärft, indem (z.B. durch Versiegelung von Flächen, Giftanwendung, mangelnde naturnahe Flächen usw.) der Natur die Möglichkeit genommen wird, einen harmonisierenden Ausgleich zu schaffen. Dem versucht der Landschaftsgestalter oder Städteplaner auf verschiedene Weise entgegenzuwirken und schafft damit zum Teil wieder neue widersprüchliche Verhältnisse. Das Beispiel des Märkischen Viertels in Berlin ist ja dafür bekannt: Einst als architektonische Glanzleistung über die Erde gefeiert, wurde es zu einem Raum, in dem sich soziales Elend entfaltete. Bei der Landschaft kann man daran denken, wie man früher in Deutschland architektonisch schön gestaltete Autobahnen gerade durch die schönsten Land-schaften führte, um dem Menschen die Schön-heit zu zeigen, ohne zu realisieren, was man damit zugleich zerstörte. Heute gerät man aufgrund wirtschaftlicher Überlegungen mit der Förderung sogenannter „wirtschaftlich benachteiligter" Regionen in ähnliche Widersprüche.

Das Märkischen Viertel in Berlin

These: Im Blick auf das vorher Geschilderte kommen wir zu der These: Landschaft entsteht aus dem Zusammenwirken der natürlichen Gegebenheiten mit den Intentionen des Menschen. Die Lebensprozesse der Natur haben die Tendenz, ein Ganzes zu bilden, aber sie sind offen für verschiedene Möglichkeiten. Es hängt vom Menschen ab, wie Landschaft *in ihm* lebt und welche Bildungsrichtungen eingeschlagen werden. Landschaft entwickelt sich regelrecht *durch den Menschen* mit seinen Erlebnissen und Gestaltungsimpulsen. Was tatsächlich erscheint, ist unmittelbar Ausdruck dafür, wie Menschen auch als *Gemeinschaft* in der Landschaft leben. Bestimmen rein wirtschaftliche Interessen die

Veränderungen, so entsteht eben eine andere Wirklichkeit, als wenn vorrangig ins Auge gefaßt wird, welcher Stil dem Lebenszusammenhang eines Ortes entspricht. Daraus kann sich sogar eine andere Art von Wirschaftlichkeit ergeben. Wenn es also um Landschaft und Landschaftsgestaltung geht, so ist der Ausgangspunkt darin zu sehen, einen persönlichen Bezug zum Leben der Landschaft zu schaffen. Jeder einzelne bringt so einen anderen Bezug in die Gemeinschaft ein.

4. Einfluß der eigenen Blickrichtung

Inzwischen fühlt sich jeder in der Architektur und im Umgang mit Natur mit seinem Stilgefühl allein gelassen. *Einer* Erscheinung gegenüber hat jeder zunächst eine eigene Blickrichtung, d.h. individuelle Empfindungen und Zielvorstellungen. Aber jeder hält gewöhnlich die seinige für verbindlich und die der anderen für falsch oder unzureichend. Im großen gilt das auch für das Nebeneinander verschiedener Kulturen. Um darüber ins Gespräch zu kommen, gilt es, die Zusammenhänge zu durchschauen, d.h. vor allem Selbstbesinnung zu üben.

So versuchten wir in der Tagung darauf aufmerksam zu machen, wie schon die Wahl eines eigenen Projektes eine Blickrichtung vorgibt. Sie sagt etwas über die eigene Interessenlage und darüber, welche Wirklichkeit man zu schaffen bestrebt ist. Aus der Widersprüchlichkeit dieser Bestrebungen entsteht häufig Streit. Das Bemühen um Verständnis kann aber dazu führen, auch Gegensätze als komplementär, d.h. einander ergänzend zu erkennen.

Übung 1: Sich einlassen auf die Wahrnehmung des Ortes und bemerken, wie beim Beschreiben in jeder Aussage schon eine Beurteilung liegt. Beobachten, wie jede Wahrnehmung abhängig ist von der Blickrichtung, die man einnimmt.

Übung 2: Sich ein Bild von der Gesamtsituation machen und genau vorstellen, wie man sie umgestalten würde. Diesen Vorgang dann aber nicht als Planungsidee hinstellen, sondern erst einmal so reflektieren, daß man sich selbst darin entdeckt. Gegenseitiges Mitteilen und Einleben in die Idealbilder der anderen öffnet den Blick und macht das Bild verwandlungsfähig (s. z.B. Kap. III Bonnewitz).

Komplementäre Auffassungen sind mit dem modernen Bewußtsein vertretbar und für den anderen zumindest in Gedanken nachvollziehbar. Das Erfassen und Darstellen der eigenen Blickrichtung ermöglicht es, daß andere meine Auffassungen und Planungsabsichten nachvollziehen und ihre danebenstellen können. Das Beachten der jeweiligen Blickrichtung macht uns auf *gedanklich überwindbare* Widersprüche aufmerksam, und die gegenseitige *Ergänzungsfähigkeit* kann entdeckt werden.

5. Problem des Ökosystembegriffes

Schwieriger ist es, *Denkgewohnheiten* zu überwinden. Ein Beispiel dafür bildet die moderne Ökosystem-Auffassung: Von einem Ort wie dem Pappelwäldchen in Dresden-Loschwitz (siehe Kap. III Pappelwäldchen) kann man sich ganz verschiedene Bilder machen. Die Ökologie kommt gewöhnlich zu den bekannten abstrakten Modellen von den

Beziehungen der beteiligten Komponenten in einem Ökosystem. Das „vernetzte" System soll die *Ganzheit* repräsentieren. Das ist aber eben nur im abstrakten Sinne der Fall, denn die Betrachtungsweise „Ökosystem" setzt eine Unzahl von Einzelbegriffen und den Begriff des Ganzen (z.B. Pappelwäldchen) voraus! Man übersieht dabei, daß es noch anderer Blickrichtungen bedarf, um dem Ganzen gerecht zu werden.

Im Grunde geht jeder Untersucher vom Ganzen, das er nur in sich im Zusammenhang mit der Wahrnehmung fassen kann, aus. Er macht einen „intuitiven Vorgriff" auf das Ganze, das er erkennen will, mit seiner Intention, sich diesem zuzuwenden. (Er hat sich ja vorgenommen, das „Pappelwäldchen" zu untersuchen.) Ohne diesen Vorgriff kann er gar nicht von einem „Ganzen" bei einem Ökosystem sprechen. Das lenkt auch den Blick bei der weiteren Untersuchung. Ohne diese Blickrichtung verliert er sich schnell in zahllose Einzeluntersuchungen, die sich verselbständigen.

Beim Gedanken an das Ökosystem wird der Blick auf die rein äußeren Beziehungen gelenkt. Das Modell, das diese anschaulich machen soll, besteht aus „Kästen" und den entsprechenden Verbindungen in Form von Pfeilen.

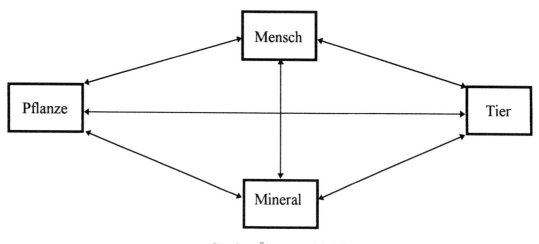

Gängiges Ökosystem-Modell

Ein solches Modell scheint das einzig wissenschaftlich mögliche Ergebnis zu sein. Seine Einseitigkeit wird uns nur deshalb nicht bewußt, weil wir die mechanistische Betrachtungsart zu selbstverständlich handhaben. Was wir übersehen, ist, daß ja in die gleichartigen Kästen Namen gesetzt werden von Dingen und Lebewesen verschiedenster Art, die ganz unterschiedlich im Leben des Ganzen stehen und daher eigentlich nicht gleichgesetzt werden können:

Schon generell steht eine Pflanze anders in der Welt als ein Tier. Sie haben verschiedene Umgebungen, auf die sich ihr Leben bezieht, selbst wenn sie nah beieinander leben. Hier geht es um verschiedene Ebenen des Seins.

Auch die *Beziehungen* können nicht gleichgesetzt werden: Ein Windstoß kann mit einer sich wiegenden Pflanze in einem mechanischen Zusammenhang gesehen werden. In der Beziehung des Lichtes zur Pflanze entstehen Gestaltungen, Farben, die keinesfalls allein mechanisch-chemisch faßbar sind, sondern als Erscheinungsbild mit dem Erscheinungsbild der Umgebung in Bezug zu setzen sind. Die Bildungsweise einer Pflanze ist eben an einem lichten Standort eine ganz andere als an einem schattigen.

Insekten werden von Blütendüften und -farben angezogen, und Vögel suchen sich bestimmte Situationen zum Nisten aus. Die Umgebung bekommt durch das Tier Bedeutung: Bild-Bedeutungs-Bezug (s. Kap. III Pappelwäldchen).

Schließlich kommen noch menschliche Beziehungen, Sinngebungen in Betracht (wie z.B. beim Projekt Prohlis: Kap. III Prohlis).

Das alles geht durch die Kasten- und Pfeildarstellung verloren und ist dann dem Erleben nicht mehr zugänglich. Wie aber läßt sich das ökologische Beziehungsgeflecht inhaltsvoll fassen?

Das Angedeutete macht auf die Notwendigkeit aufmerksam, sich bewußt auf vielschichtige Wahrnehmungen einzulassen; sinnliche, lebensgesetzliche, seelische und geistige Wahrnehmungen, die wohl jeder macht, die aber in der wissenschaftlichen Verarbeitung gewöhnlich nicht mehr genügend berücksichtigt werden.

Wie läßt sich dafür ein methodisch geführter Erkenntnisweg gehen, mit dem es möglich ist, sich über seine Schritte Rechenschaft abzulegen?

Übung: Die Beobachtung kann durch Malen, Zeichnen und Formulieren unterstützt werden: Jede Art von Wiedergabe hat etwas von Gestaltung durch den Menschen an sich. Zeichnen, malen, beschreiben wir nun selbst ein Bild von etwas, womit wir uns beschäftigt haben. Hierin liegt eine Mitteilung über unsere eigene bildende Tätigkeit, in die wir das Wahrgenommene zustimmend oder vielleicht auch widerstrebend aufgenommen und verinnerlicht haben.

In jedem Wesen, dem man sich zuwendet, erfährt man eine eigene Sprache, die etwas Besonderes in der Seele anklingen läßt. Die Sprache der Landschaft bildet sich dann in uns als Zusammen-Klang. Dieses Zusammenklingen findet sich auf der gedanklichen (d.h. geistigen) Seite. Hier durchdringt sich alles gegenseitig zu einem Ganzen, während die äußeren Gegenstände immer in einem Nebeneinander verbleiben. Auf diesem Wege trägt jedes Wesen zur Bereicherung der Gesamtanschauung der Landschaft bei.

These: Mineral, Pflanze, Tier und Mensch sind als *Naturreiche* je eigene *Seins-Stufen*, die in jeweils unterschiedlichen *Beziehungen* zu ihrer Umgebung stehen. Jedes Naturreich bedarf daher einer eigenen Zuwendungsweise. „Landschaft" gehört zum Menschenreich. Sie kann durch das Einleben in diese Zuwendungsweisen immer reicher und inhaltsvoller begriffen und schließlich immer sachgemäßer mit dem aktuellen Gestaltungsmotiv verbunden werden.

Dieser Weg erfordert eine Würdigung des persönlichen Erlebens.

6. Ohne persönliches Erleben keine Bedeutung, kein persönlicher Bezug zum Inhalt

Solange man wie früher gleichsam im gemeinsamen Erlebnisstrom der an einem Orte lebenden Menschen „schwimmt", genügt es, sich über die Gegenstände zu einigen, mit denen man umgeht, d.h. das *Wie* des Zusammenlebens und des Umganges ergibt sich von alleine. Heute ist diese Selbst-Verständlichkeit nicht mehr gegeben, da das Erleben individuell („subjektiv") geworden ist.

In der Wissenschaft hat das dazu geführt, das *Erleben* aus der Erkenntnis auszuschließen und nur das, was sich von außen, d.h. mit Messen und Zählen, fassen läßt, modellhaft wie auf einer Landkarte gelten zu lassen. Diese wissenschaftliche Haltung hat sich in der Auffassung der Natur (Ökosystemdenken) und in der Landschaftsplanung weitgehend durchgesetzt.

Der Gegenstand unserer Betrachtung, die Landschaft oder die natürliche Lebensgemeinschaft, ist nicht wie die einzelnen Dinge im Raum. Landschaft ist prinzipiell ganzheitlich. Sie wird abstrakt, sobald man sie auf räumlich-zeitliche Beziehungen von den Dingen reduziert. Andererseits wird sie hierdurch aber auch „organisierbar". Ort und Zeit, Entfernung usw., durch die wir *physisch* mit der Landschaft verbunden sind (indem wir in ihr herumgehen), bestimmen nur eine Seite der Realität (die des Nebeneinander). Die andere Seite der Realität erscheint uns zunächst durch das, was wir im Herumgehen sehen, hören, riechen usw., als ein erlebnisreicher Bildzusammenhang. In diesem hat jedes Ding wie in einem Kunstwerk eine eigene Bedeutung – je nachdem, wo es auftritt. *Eine solche* lebensrelevante Gefühlsverbindung zur Landschaft reißt durch die wissenschaftliche Bearbeitung leicht ab. Deshalb wird hier einem Erleben besondere Aufmerksamkeit geschenkt, das auf einem an der Beobachtung geführten Denken fußt.

Der *Inhalt* der Landschaft bestimmt sich also durch das, was wir wahrnehmen und erleben. Damit ist eben nicht so sehr das gemeint, was sich beim Hinsehen gleich zum unveränderlichen Begriff vom Gegenstand formt, sondern gerade das, was sich durch eine rege gehaltene Aufmerksamkeit ständig erweitert und bereichert. Jedes Ding, jede Landschaft zeigt so ständig Neues, wodurch das Erleben von deren innerer Natur farbiger (inhaltsvoller) werden und uns mehr und mehr bedeuten kann. Es geht also um ein bewußtes Leben mit der Wahrnehmung. Was Menschen wahrnehmen und erleben, was sie interessiert, ist entscheidend für das Handeln und letztlich auch für das, was als Gestaltung daraus entsteht. Vom menschlichen Erleben geht jede Gestaltung aus, und jede Gestaltung wirkt auf das Leben und Erleben zurück. Allein das im obigen Sinne an der Landschaft entwickelte Interesse kann ein Gegengewicht schaffen zu woanders hergeholten (wirtschaftlichen usw.) Interessen.

These: Erleben im beschriebenen Sinne heißt: *Etwas gewinnt für einen Menschen eine bestimmte Bedeutung.* Jeder Begriff, den wir auf eine Wahrnehmung beziehen, setzt ein Erleben voraus. Erst hierdurch kann für uns das Begreifen evident werden. Das bildet letztlich die Grundlage für die Einsicht in die Lebenszusammenhänge der Natur und des sozialen Lebens mit anderen Menschen. Deshalb kann man das Erleben nicht einfach aus der Erkenntnis ausschließen, denn eine Erkenntnis ohne ein Erleben gibt es nicht. Weil aber andererseits das bloße Erleben leicht den Bezug zu dem verliert, worauf es sich bezieht, bedarf es der Führung durch das Denken, um Erkenntnis zu werden!

Das erfordert eine systematische Entwicklung der inneren Anschauungsfähigkeit des reflektierenden Denkens. Was ist damit gemeint?

7. Besinnung der Begriffe, mit denen man umgeht – Schulung der inneren Anschauungsfähigkeit des Denkens

Heute sind bei jedem größeren Bauvorhaben Umweltverträglichkeitsprüfungen Vorschrift. Solange man sich innerhalb bestimmter Denkgewohnheiten bewegt, erscheint es relativ einfach, einen Landschaftsteil vom Aspekt des Naturschutzes, des Umweltschutzes, der Ökologie, der Landschaftsgestaltung usw. zu beurteilen. In der Praxis stößt man aber damit zunehmend an Grenzen, weil die Beurteilungskriterien wie „Natur", „Vielfalt" usw. die angenommene Bestimmtheit gar nicht haben. Die konventionelle wissenschaftliche Vorgehensweise gestattet es, die Beobachtungstatsachen gut zusammenzufassen, aber was die dafür verwendeten Beurteilungskriterien bedeuten, das entgleitet mehr und mehr dem Bewußtsein. Auch durch Definitionen entgeht man dem nicht, weil die dazu herangezogenen Begriffe das gleiche Schicksal haben. Es sei denn, man definiert in jeder konkreten Situation neu, indem man unmittelbar auf die wahrnehmbaren Qualitäten eingeht. Man entdeckt dann, daß man z.B. dem Begriff *Natur* jedesmal eine etwas andere Bedeutung gibt: Komme ich an einen fremden Ort, von dem ich annehme, daß dort bisher auch kein anderer Mensch war, so begreife ich *Natur als das Unberührte, nicht zu Berührende*. An einem anderen Ort schätze ich Natur gerade als das *sich ständig Verwandelnde*, an dem ich Anteil habe mit meinem Gewahrwerden z.B. der Jahreszeiten oder langzeitiger Entwicklungsverläufe. Wieder woanders interessiert mich, wie an einem vielleicht von Menschen verwüsteten Ort *ursprüngliche Natur neu entsteht*. Und schließlich kann ich die *besondere Natur* eines Ortes, d.h. seine Eigentümlichkeit, sein Wesen, ins Auge fassen. Führt man sich diese Bedeutungen des Begriffes Natur anschaulich denkend vor Augen, so wird bemerkbar, wie sich mit jeder Aussage z.B. der Schutzgedanke verbinden läßt. Zugleich wird aber auch bemerkbar, wie sich der Begriff Natur *als Bestimmung* in der Folge der Aussagen zu widersprechen beginnt:

Die *unberührte Natur* muß mir fremd bleiben. Um sie mir bekannt zu machen, müßte ich sie berühren. Die *besondere Natur* eines Ortes muß ich mir dagegen völlig vertraut machen. Ich muß sie mit meinem eigenen Wesen so vereint haben, daß ich zum Beispiel auch in ihrem Sinne gestaltend tätig werden könnte.

Man sieht: Als Bestimmung oder allgemeine Definition läßt sich Natur eigentlich nicht fassen. Eine „Natur an sich" gibt es eben nicht. Indem man sich aber die veschiedenen Bedeutungen innerlich vor Augen führt, wird der Begriff zur Anschauungsweise. Die Fähigkeit hierzu wächst mit dem beweglichen, jeweils neu beobachtenden und erlebenden Umgang mit dem Begriff. Das ist hier mit Anschauungsfähigkeit des Denkens gemeint.

Übung: Um diese innere Anschauungsfähigkeit des denkenden Erlebens zu entwickeln, die Farbigkeit und den Umfang einzelner Begriffe zu erfahren, sind alle Bestrebungen zu besinnen, die zu ihrer Bildung führen. Es sind möglichst vielfältige Situationen anschaulich bewußt zu machen, in denen man den Begriff anwendet oder anwenden würde.

In den Arbeitsgruppen wurde der Versuch gemacht, vom menschlichen Leben auszugehen, konkrete Situationen genau wahrzunehmen und sich dem zuzuwenden, was sich dabei im eigenen Denken regt. In welches Verhältnis zu dieser Wirklichkeit führt ein Gedanke, wenn er so oder so gedacht wird? So hat auch in den in Dresden bearbeiteten Projekten *Natur* jeweils ganz unterschiedliche Bedeutung:

Pappelwäldchen: Der Ort diente vor vielen Jahren dem Selektieren von Pappeln und wurde dann völlig vernachlässigt. Heute ist der Ökologe und Naturschützer an ihm interessiert, weil sich hier von alleine eine unerwartet vielfältige Ganzheit eingestellt hat. Wie Bildungsweisen und Lebenszusammenhänge natürlicherweise bei bestimmten künstlichen Vorgaben durch den Menschen entstanden sind, wie sich bestimmte Arten von Pflanzen und Tieren in der Landschaft einfinden und erhalten, läßt sich hier *als Naturprozeß* studieren. Was bedeutet unter diesem Aspekt naturnah?

Elbufer: Auf den Elbuferwiesen und den gepflasterten Uferrändern haben sich zum Teil unter dem Einfluß der besonderen Pflege (Schafweide, Mähen) interessante Pflanzengesellschaften eingestellt, deren *natürliche Entstehung* man unter den vom Menschen gesetzten Bedingungen studiert und schützen will. Aber man kann den Eindruck der Weite und die verschiedenen besonderen Zugänge zum Fluß auch unter dem Aspekt der *besonderen Natur* Dresdens studieren und nach den entsprechenden Planungsansätzen suchen.

Elbaltarme: Vom Maisbau über Schrebergärten, Ruderalplätze, kleine Waldstücke zu Kiesgruben und Trümmerschuttbergen wird im Rahmen gleicher geologisch-hydrologischer Grundbedingungen ein ganzes Mosaik von verschiedenen Entwicklungsmöglichkeiten der Vegetation, der Tierwelt und der menschlichen Zuwendung voller Widersprüche offenbar. Alle diese Möglichkeiten liegen augenscheinlich in der *Konstitution der Natur* dieses Ortes (s. Kap. III Elbealtarm). Wie soll mit einer solchen Vielfalt von Entwicklungswegen, die uns die Natur durch die Pflanzen- und Tierwelt zeigt, bei der Planung umgegangen werden?

Prohlis: Hier hat man am auffälligsten durch Bauten die Grundbedingungen der Landschaft verändert. Es geht vor allem um den Lebens- und Erlebnisraum von Menschen. Man gewinnt den Eindruck, daß es notwendig ist, die *in der Natur veranlagten bildenden Kräfte,* aus denen sie sich gestaltet, hervorzuheben und mit ihnen so umzugehen, daß davon eine *natürliche Belebung für den Alltag der Menschen* ausgeht.

Bonnewitz: Ein nun alt gewordener Park wurde so gestaltet, daß *mit natürlichen Mitteln* bestimmte *Erlebnisaspekte* vorgegeben wurden. Was geht heute davon aus und wie läßt sich das mit der neuen Bestimmung für die Gemeinschaft einer heilpädagogischen Schule gestalterisch verbinden? Wie legt man eine *natürliche Entwicklung* (zu der auch die vermutlich wachsende Menschengemeinschaft gehört) in dieser Richtung an?

These: Wenn all diese Aspekte von *Natur* möglichst anschaulich im jeweiligen Zusammenhang bewußt gemacht werden, so öffnet das auch den Blick für Wahrnehmungen auf ganz verschiedenen Ebenen. Dazu finden wir den Zugang über die Eigentümlich-Pkeiten der Naturreiche (die geologisch-hydrologische Grundlage, Bildungsweise der Pflanzen, Lebenszusammenhänge der Tiere im Zusammenhang mit Sinngebung und sozialem Leben der Menschen).

8. Die Naturreiche als Wahrnehmungshilfe und ihre Bedeutung für „Landschaft"

Die folgenden Ausführungen basieren auf einer Begriffs-Besinnung der Naturreiche: Was bedeuten uns „Mineral", „Pflanze", „Tier", „Mensch"? Es zeigt sich, daß die Naturreiche sowohl gegenständlich als auch als Betrachtungsweise im vorher beschriebenen Sinne aufgefaßt werden können. So können wir „Wasser" als in Bächen und Seen vorgefundenes Naß gegenständlich betrachten. Dabei wird „Wasser" im Denken *festgehalten*. Wasser als „Wäßriges" ist dagegen eine Betrachtungsweise, die die Eigenschaften des Wassers, des Flüssigen z.B. in seinem Fließen, also im Verbindenden, berücksichtigt. Insofern wir das *Leben* der Pflanze ins Auge fassen, verlangt die im Pflanzenreich auftretende Form-Verwandlung eine flüssige, verwandelnde Betrachtungsweise – ein *bewegliches* Denken.

Beim Übergang von einer gegenständlichen in eine flüssige Betrachtungsweise beginnt man *an der Wahrnehmung* zu denken und die Denkbewegung in innere Anschauung zu verwandeln. Das Denken wird nicht mehr bloß zur Wahrnehmung hinzugefügt, sondern ergreift Bewegungen und Richtungen, die darin liegen.

So wird es an der Wahrnehmung anschauungsfähig und bringt uns durch die eigene innere Aktivität die jeweilige „Natur" einer Erscheinung zum Erlebnis.

Um die von uns – intuitiv – erlebte Differenzierung der Naturreiche ins Bewußtsein zu heben, bedarf es der Beobachtung der unterschiedlichen mit dem Denken stattfindenden Zuwendungs- und Erlebnisweisen.

8.1. Wahrnehmung der geologisch-hydrologischen Konstitution der Landschaft

Blickt man auf die geologisch-hydrologischen Verhältnisse, so hat man es zunächst mit der Form, dem Relief der Landschaft zu tun. Diese Grundform kann als ihr Besonderes, Individuelles erlebt werden, aber auch als einschränkend. Im einzelnen hat man es vor allem mit Gesteinen, Boden, Wasser usw. zu tun. Die *gegenseitigen Wirkungen* auf dieser Ebene sind:
- mechanisch: Brechen, Fallen, Abrollen, Fließen
- chemisch: Auflösen, Verändern, Ausscheiden usw.

Die *Umgebung* wirkt
- über die vom Erdganzen ausgehende Schwere, d.h. irdisch,
- über das Licht: Jeder Stein ist Spiegel der gesamten, auf den Ort bezogenen Beleuchtungsverhältnisse, d.h. kosmisch.

Obwohl der *Stein* als gleichbleibend vorgestellt wird, erscheint er für die Sinne immer anders und bekommt im Erscheinungszusammenhang erst seinen Stellenwert im (begrifflich erfaßten) Ganzen. Die Gegenwartsrealität der Erde ist der Boden, auf dem man steht, die „*Form*" (z.B. Kristall), der Stoff, d.h. die unmittelbare äußere *Begegnung*, und ist zugleich das Begrenzte, Eingeschränkte.

Für den Menschen hat die Besinnung auf das Feste Bedeutung als Stütze für sein Selbstbewußtsein. In der Landschaft ist es als das Bewahrende (Früheres im Späteren) - wie die Form des alten Baumes - Grundlage für irdisches Leben und Entwicklung.

These: Anhand von Relief, Bodenqualität, Feuchte, Exposition zu Wind, Tages- und Jahreslauf, Regen, Licht usw. können wir die charakteristischen Grundbedingungen einer Landschaft „festmachen". Das ist ihre Konstitution. Das Wasser, das Flüssige, ist das Bildsame, in Ruhe sich allgemein Begrenzende. Strömungsformen halten sich nur in Bewegung oder bilden sich im Festen ab (z.B. die „Elbauenebene" von Dresden; s. Kap. III Elbealtarm).

Gerade das irdisch Feste, die geologische und zum Teil auch die hydrologische Grundlage einer Landschaft, d.h. deren Konstitution, weist aber nur eine *Richtung* für eine Vielfalt von Lebensmöglichkeiten, die sich daran anschließen. Es schafft so erst die notwendige Offenheit für Leben, das vom Menschen sehr unterschiedlich gehandhabt werden kann.

8.2. Wahrnehmung von Lebensvorgängen (s. z.B. Kap. III Elbufer)

An der Pflanze lassen sich *Gesetzmäßigkeiten des Lebendigen* ablesen, die den Blick auch für Lebensvorgänge in einem Biotop, in einer Landschaft, im sozialen Prozeß, schärfen. Von diesen seien hier zwei beschrieben:

8.2.1. Bildungsweise einer Pflanze

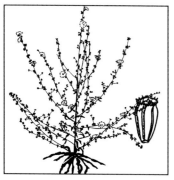

Wegwarte: Pflanze und Same

Im Samen einer Wegwarte sehen wir die spätere Pflanze nicht. Sie läßt sich auch nicht daraus ableiten. Wir müssen uns an vorangegangenen Erfahrungen eine innere Anschauung gebildet haben, um seine volle Wirklichkeit zu begreifen.

Die ausgewachsene, blühende Pflanze ist demgegenüber zwar ein unmittelbar anschauliches Bild der (denkend zu erfassenden) Idee der Pflanze, zeigt aber nur *eine* von den vielen möglichen Wuchsformen, die aus dem Samen entstehen könnten. Mit der Samenbildung werden diese (unsichtbaren) Möglichkeiten wiedergewonnen. Wir können hier von einem Rhythmus zwischen Samen und ausgewachsener Pflanze bzw. zwischen der Offenheit in Möglichkeiten und der Abgeschlossenheit im Konkreten sprechen.

Die Entwicklung (einer Pflanze) verläuft auch im einzelnen rhythmisch: Ein erstes Blatt entsteht aus dem Keim und breitet sich in die Umgebung aus. Es erreicht eine bestimmte Form. Die Entwicklung kommt da zu Ende. Aber in der Auseinandersetzung mit den Stoffen der Umgebung in Boden und Luft und mit dem Licht bereiten sich im Innern der Pflanze die Bedingungen für ein nächstes Blatt vor. Dessen Form wird schon im Verborgenen anders angelegt als beim ersten Blatt. Seine endgültige Form bildet sich dann wieder an den neuen Umgebungsbedingungen aus. Was wir mit *Goethe als Verwandlung* der Gestalt (*Metamorphose*) an der Blattfolge einer Pflanze ablesen, ist also nur mit dem beweglichen Denken an der Anschauung zu verfolgen und in diesem wahrzunehmen. Ein wesentlicher Teil der Verwandlung, das „Dazwischen", spielt sich gerade im Unsichtbaren ab.

Was in der konkreten Situation mit dem Wachsen einer Pflanze entsteht, ist ein Doppeltes: ein Bild der inneren Natur der Pflanzenart (z.B. Wegwarte) und zugleich ein Bild der Umgebungsverhältnisse. Es liegt in der inneren Natur einer Blütenpflanze, daß die grünen Blätter in der Formenfolge wieder kleiner werden oder verschwinden, ehe sie zur Blüte fortschreitet und schließlich am Übergang zur Frucht und Samenreife wieder verblüht.

Blattreihe des Mauerlattich

These: Die Entwicklung eines Standortes, einer Landschaft, verläuft ähnlich dem Leben einer Pflanze im Rhythmus zwischen dem, was sichtbar in Erscheinung tritt und sich mit der Umgebung auseinanderzusetzen hat, und dem, was sich im Verborgenen der Samen und Knospen zurückhält und für neue Bildungsmöglichkeiten offen wird. So entwickelt sich der Boden ganz im Verborgenen und bildet doch eine wesentliche Grundlage für das, was in der Sukzession der Organismen an einem Ort entsteht.

Auch Planungsprozesse verlaufen so, daß sie sich im universellen und unsichtbaren Gedankenleben vorbereiten. Indem etwas zur Ausgestaltung kommt, muß es sich mit Gegebenheiten der Umgebung auseinandersetzen, wird einseitig. Die auf diesem Weg gemachten Erfahrungen wirken wieder zurück auf den ideellen Prozeß, bringen die Entwicklung weiter. Aus dem Zusammenwirken der Prozesse des natürlichen und sozialen Lebens mit den im Planungsprozeß wirksamen Intentionen entsteht Landschaft.

8.2.2. Wegwarte

Eine Wegwarte, die wir gemeinsam betrachten, zeigt grüne Blätter und Stengelteile. Die unteren Blätter und einige Stengelteile von den Spitzen her sind schon abgestorben. Zugleich sind mehrere Blüten zu sehen, und wo solche schon verwelken, reifen die Samen.

Die Entwicklung der Pflanze durchläuft also nicht einfach aufeinanderfolgend Blatt-, Blüten-, Frucht- und Samenzustand, sondern zur Ausbildung von Frucht und Samen müssen frühere Zustände (d.h. das grüne Blatt) teilweise über die Blüte hinaus gegenwärtig sein, sonst kann die Zukunft nicht vorbereitet werden. Auch die wachsende Frucht ist wieder grün!

Das Frühere ist also nicht nur Voraussetzung des Späteren, sondern es muß in *verwandelter* Form gegenwärtig sein, damit Entwicklung in die Zukunft stattfinden kann!

8.3. Wahrnehmung von Ausdruck und Bedeutung von Landschaftsqualitäten durch Tiere (s. Kap. III Pappelwäldchen)

Tiere fallen uns vor allem durch die Art auf, wie sie sich bewegen. Ihre spezifische Bewegungsweise steht in Zusammenhang mit der Form ihrer Organe (Pferde können mit ihren Hufen gut galoppieren, aber nicht greifen usw.). Hier ist in der Natur der Funktionalismus perfekt! In Form und Bewegungsart liegt aber auch immer eine *Bedeutung.* Sie *deutet* auf eine bestimmte Art des Umgangs mit Elementequalitäten hin. So geht ein Fisch anders mit dem Wasser um als ein Frosch, ein Adler anders mit der Luft als ein Star und ein Pferd anders mit der Erde als ein Maulwurf. Damit weisen sie uns auf Qualitäten der Elemente hin, mit denen sie durch ihr Leben verbunden sind. Landschaftsqualitäten stehen über Seh-, Tast-, Riechwahrnehmungen usw. in einem Bildzusammenhang, auf den die Tiere sympathie- oder antipathieartig reagieren. Offenbar tragen sie jeweils eine bestimmte Empfänglichkeit dafür in sich.

These: Tiere leben in ihren Bewegungen, aber auch in entsprechenden Lautäußerungen. So könnte man verkürzt sagen: *Die Tiere leben und erleben ihre Bedeutung, indem sie sich von innen heraus in bestimmter Weise auf etwas zu oder von etwas wegbewegen.* Wenn wir als Beobachter die Bewegungen nachvollziehen, können wir uns die besondere Tierart zum

Erleben bringen. Wir erleben, auf was die jeweilige Art uns in der Landschaft durch ihr Dasein *hindeutet*. Wendet man den entsprechenden Aspekt der erlebbaren Bedeutung auf die Pflanze an, so wird ein grundsätzlicher Unterschied bemerkbar: Ein Wesen wie die Pflanze, das sich in der Bildungsweise ihrer Organe auslebt, in der dann die Qualität der Umgebung bildhaft erscheint, läßt seine „Bedeutung" nach außen zum Bild werden. Was wir als Beobachter daran nachvollziehen und erleben, ist nicht wie beim Tier Innerlichkeit, es ist die Wirkung der Umgebung der Pflanze (z.B. die besonderen Licht- und Bodenqualitäten).

8.4. Menschennahes Gestalten ist ganzheitlich, wird Sinngebung (s. z.B. Kap. III Prohlis, Bonnewitz)

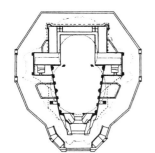

Grundriß des
2 Goetheanum

Die *menschenferne* Wissenschaft, wie wir sie beispielsweise in Kap. II.5. charakterisierten, hat geholfen, sich vom allzu starken Verwobensein mit der Natur zu lösen und damit Natur und Landschaft frei zu gestalten.

Menschennahe Wissenschaft mu sich auf neue Wahrnehmungen einlassen, durch die nicht nur der räumlich-zeitliche Bezug zum menschlichen Leib (Konstitution), sondern auch die Lebensvorgänge (Wachstum etc.), die Erlebnisqualitäten (Seelisches) und Sinngebungen (gezielt ergriffene Intentionen) bewußt werden. Das bedeutet aber: 1. zu entdecken, daß man im Erkennen an Grenzen gelangt und 2. daß man sich diese Grenzen durch seine eigene, jeweils einseitige Zuwendung zur Natur gesetzt hat und in sich den Anlaß finden muß, diese zu überschreiten. Wir möchten dies für den in Kap. II.5. dargelegten menschenfernen Wissenschaftsansatz zur Frage des Ökosystems veranschaulichen. Der Begriff des Ökosystems ist insofern zentral, als er auf der Suche nach einer Ganzheit beruht, dieser aber nicht genügt. Man hat zwar eine vage Vorahnung vom Ganzen, weiß aber nicht, woanders zu suchen als im Äußeren.

8.5. Zurück zum Modell des Ökosystems

Von den angedeuteten Aspekten (Kap. II. 8.1.-8.4.) aus gesehen kann nun die Eingeschränktheit und darauf aufbauend aber auch der eigentliche Wert einer reduktionistischen Bemühung (s. Kap. II.5.) um die Struktur eines Ökosystems oder einer städtischen Landschaft erkannt werden.

These: Jedes Ding, jedes Wesen fordert seine eigene Zuwendungsweise, um ihm gerecht zu werden. Diese Zuwendungsweise geleitet uns zu dem jeweils in der Situation aufzusuchenden Kontext, welcher dem Wesen seine Bedeutung gibt.

Behält man das beim Aufstellen eines systemischen Modells im Sinne von Kap. II.5. im Bewußtsein, so entsteht eine Erfahrung von Ganzheit mit verschiedenen Erlebnisdimensionen. Was man mit den Worten, die in den Kästen stehen, und den entsprechenden, durch Pfeile symbolisierten Beziehungen voraussetzt, wird bewußt gemacht, indem man *sachgemäß denkend* und *darin erlebend* in die konstitutive, lebensmäßige, seelische, geistige Dimension eindringt. Das Modell, in dem sich das alles nur räumlich-zeitlich abbilden läßt, macht die *irdische Orientierung der Ganzheit bewußt, nicht aber ihren nur durch das denkende Erleben zu gewinnenden Inhalt*. Ohne diese irdische Orientierung – nach Art einer Landkarte – würden die Erlebnisse allein subjektiv bleiben. Beispielsweise kommt man mit der Landkarte an einen bestimmten Ort in Dresden. Was man aber dort tatsächlich sieht und erlebt, kann uns die Landkarte höchstens in abstrakter Weise bieten.

Der Vergleich des Ökosystemmodells mit der Landkarte sei in der Zusammenstellung auf der folgenden Seite angedeutet:

In einem solchen Beziehungsschema entspricht jeder „Kasten" einem Punkt auf der Landkarte. Zu diesem gehört aber jeweils auch eine Umgebung, d.h. zum Punkt auf der Landkarte gehört der Rundblick des Betrachters, der sich dorthin begibt. Beim Kasten entspricht dem eine je andere Zuwendungsweise, ein zu ihm gehörender, spezifischer Kontext (so gehört z.B. zu einem Stein eine andere Umwelt als zu einer Pflanze oder zu einem Tier am gleichen Ort). Der Umweltbegriff bekommt somit durch die unterschiedlichen Bezüge zu den verschiedenen Naturreichen eine notwendige und lebensgemäße Erweiterung:

9. Ein neues Leitbild für Landschaft, Landschaftsplanung und Landschaftsgestaltung

Aus dem bisher Gesagten kann erkannt werden, daß wir uns (ob als Planer, Gestalter, Schützer oder Nützer) mit der Frage um die Landschaft im „Menschenreich" befinden. Jede Frage nach dem Umgang mit Landschaft mündet hier ein in die Frage nach dem Umgang mit den Mitmenschen und ihren Interessen (s. Kap. II.9.1.-II.9.3.). Auch hier gilt es, sich der Widersprüche und ihrer biographischen Ursprünge bewußt zu werden (s. Kap. II.9.4.). Hierauf aufbauend kann ein neues Leitbild für den Umgang mit unserer *Umwelt* gefunden werden (s. Kap. II.9.5.-9.6.).

9.1. Bedeutung von Schutz und Fortschritt

Zur Frage des Schutzes des bisher Entstandenen: Eine gegenüber den anderen Naturreichen gleichwertige Betrachtung des Menschenreiches ergibt, daß der Mensch zunächst ein für die Gestaltung zu berücksichtigendes Element ist wie jedes andere Naturreich. Auch ihm muß *seiner* Natur entsprechend Rechnung getragen werden. In dieser Natur des Menschen ist aber eben auch der Zwiespalt gegeben, in den man sowohl in der Architektur als auch im Umgang mit Natur durch den Gegensatz von Schutz- und Fortschrittsbestrebungen gerät.

9.1.1. Ein persönliches Beispiel von früher: Wiederaufbau und Neugestaltung nach der Zerstörung Dresdens

Ich habe die Erschütterung, das Chaos nach der Bombennacht am 13. Februar 1945 miterlebt. Unter den Umständen von Besatzung, Mangel, Hunger usw. würde man sich vielleicht vorstellen, daß die Menschen nur die einfachsten materiellen Lebensbedürfnisse im Sinn gehabt hätten. Dagegen erlebte ich, wie die Bevölkerung mit großer Begeisterung daran ging, ein äußerst kompliziertes, überhaupt nicht zeitgemäßes Barockgebäude, den Zwinger, ohne große Geldmittel mühevoll wieder aufzubauen. Das war offensichtlich ein ebenso existentielles Bedürfnis wie Nahrung, Wohnung usw. Das führt zur Frage: Worin liegt die Bedeutung solcher Restaurationsbestrebungen?

Nach der Zerstörung Dresdens lag es aber auch nahe, ganz anders zu denken. Es war leicht, einen Freiraum zu schaffen und ganz neu, großzügig zu planen. Ohne hier auf politis-

In der *Mineral- bzw. Gegenstandswelt* (s. Kap. III Elbealtarm) sind die Beziehungen unmittelbar, gegenwärtig.

Das *Feste* (Erde, Gestein, Relief) ermöglicht räumliche, mechanische Beziehungen der Dinge untereinander: Diese sind im Prinzip durch unsere Gliedmassen erfahrbar und lassen sich nach Art der Landkarte auch im Schema abbilden.

Die Beziehungen dieser Dinge zur Umgebung sind aber allein als gegenwärtiges „Bild" erfassbar. Die Beleuchtungsverhältnisse an einem Ort werden erst durch die Gegenstände sichtbar. Sie sind für sich, d.h. ohne die Gegenstände, nicht wahrnehmbar, bilden jedoch immer eine Ganzheit. Durch die Art, wie die Gegenstände untereinander *erscheinen* (mit Licht und Schattenbeziehungen usw.) entsteht erst das Bild des Ganzen der Beleuchtung, das sinnlich und gedanklich zugleich ist.

Das *Flüssige* (z.B. Bäche, Flüsse, Seen, aber auch die Feuchte) ermöglicht: Bewegen, Transportieren, Reiben, aber auch Lösen, Ausscheiden, chemische Veränderung.

Das Feste, Bewahrende bildet eine Grundbedingung für irdisches Leben (Kontinuität in der Entwicklung). Das im Flüssigen aus der Bewegung und den jeweiligen chemischen Prozessen sich jeweils ganzheitlich Formende ist Grundbedingung für lebendige Verwandlung.

Die *Pflanzen- oder Verwandlungswelt* (s. Kap. III Elbufer) lebt in Beziehungen der Zeit.

Hier haben wir es mit Werden und Vergehen zu tun. Unter den räumlichen Verhältnissen des Standortes geht es um die inneren Beziehungen in der Formenfolge (im Späteren das Frühere) zwischen Bild und Bild und um Erscheinungsbild, Bildungsweise und Bildausdruck, in welche die Wirkungen der Umgebung (z.B. Licht, Boden, Tages- und Jahresrhythmen) eingehen (nicht nur von außen, wie bei Beleuchtung und Schwere).

Die *Tier- oder Bedeutungswelt* (s. Kap. III Pappelwäldchen) macht uns auf Beziehungen *gelebter* Bedeutung aufmerksam.

In der funktionalen Form und der Bewegungsweise der Tiere und dem darin wahrnehmbaren Bezug zu einem Anlass wird wirksame Bedeutung fassbar als Erlebnis-Beziehung zu Bildern ihrer Umgebung. Jedes Tier lebt *in dem seelischen* Raum, den es selbst mitbringt, den es durch sein Leben mit den physischen Gegebenheiten des Ortes verbindet und wodurch diese entsprechend mitgestaltet werden.

Menschenwelt oder Entwicklung durch Menschen (s. Kap. III Prohlis, Bonnewitz)

Soweit der Mensch anschauend, denkend, erlebend den Punkten und Beziehungen im Systemmodell den jeweils angegebenen konkreten Inhalt gibt, entsteht in ihm ein Bewusstsein vom Ganzen mit den verschiedenen Spannungen und Dimensionen des Lebens am entsprechenden Ort (zu denen auch diejenigen des Einzelmenschen und der Gesellschaft gehören).

Das bildet die Grundlage für eine verantwortliche Sinngebung einer *Entwicklung* dieses Ganzen, zu der auch die Widersprüche als

che Motive einzugehen, soll nur sichtbar gemacht werden, daß Freiheit dabei eigentlich nur für den ersten Schritt gewonnen wurde, die Konsequenzen dann jedoch zum Zwang wurden. So würde man heute manches aus der großzügigen Planung Entstandene vielleicht gern wieder abreißen.

Die Weinbergkirche in Dresden Pillnitz

9.1.2. Persönliche Beispiele von heute

a) In einer Darstellung über die Entwicklung des Pillnitzer Kultur- und Landschaftsraumes (von *Dieter Fischer,* Historiker) unter dem Titel „Menschen gestalten einen Kultur- und Lebensraum" wurde den Teilnehmern der Übungswoche ein Aspekt der Landschaft und Geschichte von Pillnitz in Wort und Bild, bezogen auf die jetzt fast vollständig restaurierte, von *Pöppelmann* in der Zeit Augusts des Starken gebaute, barocke Weinbergkirche vorgeführt. Viel Forschung wurde betrieben, um zu ermöglichen, sie genau wieder so entstehen zu lassen wie damals. Auch die Landschaft darum herum, die Weinberge, hat man neu entstehen lassen. Der Naturschützer kann sich freuen, wenn bei vernünftigem Anbau auch die Vielfalt der Vegetation wieder entsteht. Wollte man das frühere Bild vollständig wiederherstellen, so müßte man die Berge darüber abholzen und den Verkehr mit Pferden wieder einführen. Aber der Wald steht jetzt unter Naturschutz und das Auto drängt sich (durch den modernen Menschen) überall in den Vordergrund.

In solche restaurative Bestrebungen kann man sich einleben, darin auch richtig heimisch werden, und doch zeigt das Beispiel, wie Naturschutz, Denkmalschutz usw. – einseitig betrieben – Verzicht auf Entwicklung, eigentlich ein Zurückgehen, bedeuten. Es ist ja unmöglich, die Gegenwart durch ein Bild aus der Vergangenheit völlig auszulöschen. Aber welchen Sinn haben Schutz und Restauration dennoch?

b) Bei einer Führung auf dem Pillnitzer Gelände der Sächsischen Landesanstalt für Landwirtschaft wurde den Teilnehmern der Übungswoche durch Herrn Friedrich Möllmann (Referatsleiter Landespflege) eine ganz andere Lebenseinstellung vorgeführt, die mit der praktischen Zielsetzung von Schule und Umschulung zusammenhängt. Es ging um die Vermittlung handwerklicher Fähigkeiten, Neues zu gestalten. Hierbei steht nicht ein bestimmtes Gestaltungsziel im Vordergrund, sondern die Basis bildet gestalterisches Können, erworben durch umfassende Pflanzenkenntnis und praktischen Umgang damit. Es geht um die gediegene Vermittlung dieser Fähigkeit und die Offenheit, diese den jeweiligen Gestaltungsmotiven dienstbar zu machen.

Entwicklungsperspektiven ergeben sich aus dieser Sicht z.B. aus den praktischen und ästhetischen Bedürfnissen der Schule und neuer Verkehrsangebote. Die Bestrebung ist unmittelbar einsichtig. Ein Problem bei der handwerklichen Schulung besteht darin, vielseitige sinnvolle Aufgaben zu finden, um nicht in den Leerlauf des bloßen Gestaltens und erneuten Zerstörens zu geraten.

c) Was sind das für Fortschrittsbestrebungen,
- aus denen schließlich überall das Gleiche entsteht (z.B. überall MacDonald), aufgrund deren man das Weitere dem anonymen Mechanismus der Wirtschaft mit „Effizienz",

Rentabilität usw. überläßt und denen man sich mit seiner Tätigkeit unbesonnen anpaßt,
- oder aus denen durch die Sehnsucht nach Freiheit Beliebiges hervorgeht (z.B. Nostalgie, Eklektizismus, Postmoderne, Skurrilität usw. – vor allem aber: Widersprüche)?

Wie können sich so verschiedene Lebenshaltungen ergänzen?

9.2. Ganzheitliche Entwicklung

Der Umgang mit der lebendigen Natur ist, wie wir sahen, eine Kunst, die mit einem Material arbeitet, das sich fortwährend selbständig weiterentwickelt. Das fordert eine verantwortliche Begleitung. Das Material hat aber auch etwas Beharrendes, der Erde Verwandtes: Ein Baum wird an eine bestimmte Stelle gesetzt und bleibt dort, aber man blickt auf sein Werden, wie er sich in den Zusammenhang der Licht- und Bodenumgebung stellen wird. Er wandelt seine Gestalt gemäß dem Wandel der Umgebung, aber er bleibt auch der gleiche und wird so zum Bild eines Entwicklungsstromes der Landschaft.

In der Architektur geht es zunächst um feste Gestaltungen. Der Dresdener Zwinger und die Pillnitzer Weinbergskirche sind gleich gebaut oder erhalten wie früher. Doch gilt das nur dem Anschein nach: Aus ihrer Umgebung, dem Leben der Menschen, bekommen sie im Laufe der Entwicklung immer wieder eine neue Bedeutung. Der Wert des Schutzgedankens sowohl gegenüber der Natur als auch gegenüber Bauwerken liegt nicht darin, daß alles wieder so wird wie früher. Vielmehr wird durch das Erhalten eines Früheren im Späteren, wie an der Pflanze gezeigt (s. Kap. II.8.2.), Entwicklung überhaupt erst möglich. Die Biographie der Landschaft wird sichtbar, wenn verschiedene Zeiten in ihr symbolisch, d.h. in einzelnen Gebäuden, einem alten Baum oder einem Naturreservat, repräsentiert sind. Das Bemühen um die Erhaltung kann ein Einleben in diese Biographie bedeuten, wenn man bewußt den Einklang mit dem gegenwärtigen Leben sucht und auf diesem Hintergrund die Zukunftskeime erkennbar macht.

So ist z.B. auch der heutige Pillnitzer Weinberg etwas ganz anderes als früher, als ihn Winzer zum Broterwerb betrieben. Weinbau dient heute vor allem dem Ausgleich für den städtischen Beruf und nur zum Teil dem Nebenerwerb.

9.3. Selbsterfahrung als Triebkraft menschlichen Lebens

Heutzutage ist der einzelne nicht mehr im vollen Einklang mit der Umgebung, in der er lebt. Es herrscht die Neigung vor, sein Selbstbewußtsein von überall her durch Bilder anregen zu lassen, nach denen man verlangt, für die man möglichst wenig selbst tut und deren Reiz immer wieder in Kürze abklingt. So lebt man in vielen „Landschaften" zugleich, zusammenhangslos, heimatlos. Oder man berauscht sich im emotionalen Ausleben dessen, was man alles machen kann. Als Gestaltungs- oder Planungsmotiv reicht ein bloßes Besinnen auf ein unbestimmtes „Heimatgefühl" – wie es z.B. auch häufig im Natur- und Denkmalschutz lebt – daher nicht mehr aus.

These: Im Grunde seiner Seele verlangt jeder nach dem *Erleben einer Entwicklung des eigenen Wesens an der ihn umgebenden Welt,* denn Entwicklung ist Voraussetzung dafür, überhaupt sein eigenes Leben im Erleben der Zusammengehörigkeit mit einer sich verwandelnden Welt zu bemerken!

Das wird im *Prozeß, den man selbst mit einem selbstlosen Interesse am Gegenüber vollzieht,* möglich, d.h. dort, wo man sich selbst durch eigene Tätigkeit damit verbindet. Das tut man z.B.:

- auf dem *Weg,* den man geht, nicht im Ziel, denn dieses verblaßt, wenn es erreicht ist
- in jedem *Beobachtungsvorgang*
- in jeder Gestaltung, die man selbstverantwortlich *vollzieht.*

9.4. Bewußtmachen der Biographie des Menschen und der Landschaft

Entwicklung kann verschieden gesehen werden:

- als mechanischer Ablauf, in die Zukunft offen, aber unbewußt durch äußere Kräfte (wie ökonomische Gegebenheiten) getrieben; diese Sichtweise liegt dem allenthalben auch in den Bio-Wissenschaften gepflegten Neo-Darwinismus zugrunde;
- als *eigene Erfahrung* von Schritten, mit denen jeweils Äußeres und Inneres in der Gegenwartswirklichkeit zusammenkommen; an allem Geschehen, an dem man wirklich beteiligt ist, macht man selbst eine Entwicklung durch.

Wir haben an den genannten Beispielen (Kap. II.9.1.1. und II.9.1.2.) gesehen, wie Wirklichkeiten durch menschliche Intentionen entstehen. Erscheint dadurch Früheres im Gegenwärtigen (wie die Barockkirche im Weinberg), so schafft das einen Widerspruch, aber auch die Gelegenheit – wie beim Rückblick auf das eigene Leben –, in sich selbst die Verbindung von der Vergangenheit zur Gegenwart herzustellen und damit Biographie zu erleben. Damit stellen wir uns als Betrachter und Gestalter ins Leben der Landschaft, in die Entwicklung, und können mit neuen Motiven daran lebensgemäß anknüpfen.

Das Erwachen zur *eigenen Biographie im Zusammenhang mit der Landschaft,* zur eigenen und zugleich gemeinsamen Entwicklung, weckt die Aufmerksamkeit auf Lebenszusammenhänge in unserer Umgebung. Nach und nach entsteht das Erleben eines Stromes, an dem man über das gegenwärtige Leben hinaus beteiligt ist; denn man trägt die Geschichte in sich. Wie könnten wir sie uns sonst (im Sinne von Kap. II.6) zum Bewußtsein bringen? Ebenso trägt man die Zukunft in sich mit seinen Intentionen, durch die man in der Welt weiter leben wird: so verdanken die heute noch sichtbaren Landschaften ihre Schönheit den Intentionen früherer Generationen. Dieser Ansatz kann weiter vertieft werden, soll hier aber nur angedeutet bleiben.

9.5. Umweltforschung und Aufklärung - Der persönliche Bezug

Das in den vorliegenden Kapiteln Entwickelte kann nur dann fruchtbar werden, wenn es *tätig* ergriffen wird. Das gilt nicht allein für den persönlichen Bezug des Gestalters zur Landschaft oder zur Natur, *sondern für den Bezug jedes einzelnen Menschen zu seiner gesamten Umwelt.* So besteht (gerade auch für Behörden) das Problem, daß man mit den sorgfältig ausgearbeiteten Studien über die katastrophale Umweltsituation (Verschmutzung, Artenrückgang usw.) die Bevölkerung nicht wirksam erreicht, höchstens betroffen macht. Daher liegt es nahe, auch für die Bevölkerung solche Übungen anzubieten, wie sie in dieser Arbeitswoche durchgeführt wurden, um für jeden erfahrbar zu machen:

a) Wie dem einzelnen der Bezug zu Natur und Landschaft so weit geschwunden ist, daß das bloße Ausleben der eigenen Wünsche überwiegt; selbst in Rezessionszeiten nimmt der umweltbelastende Materialverschleiß zu

b) Wie dadurch ein anderes Bedürfnis verdeckt wird, das viel existentieller für den heutigen Menschen ist, nämlich sich nicht nur in der Welt zu zerstreuen, *sondern an ihr eine innere Entwicklung durchzumachen*

c) Wie Mensch und Landschaft in einem inneren Bezug zueinander stehen, beispielsweise, wenn darauf achtgegeben wird, daß und wie sich in der Landschaft die Lebenshaltung der Menschen widerspiegelt

d) Wie die einzelnen Glieder der Naturreiche einem jeden etwas Spezielles über die eigene Seele zu sagen haben, sofern er sich wirklich dafür interessiert und sie deshalb in seiner Umgebung nicht missen möchte.

These: Wird Forschung dieserart ausgerichtet, findet sich ihre Bedeutung vor allem darin, den Menschen durch einen neuen persönlichen Bezug zu *bilden,* d.h. neue innere (soziale) Fähigkeiten zu entwickeln, und ist nicht davon trennbar.

9.6. Landschaft als Bild der Entwicklung menschlicher Intentionen: das neue Leitbild für den Umgang mit Landschaft

Die Landschaft spiegelt also wider, wie sich die Menschen selbst ins Leben stellen: Wir blicken heute auf Landschaften, sehen das Bild der Gegenwart, erleben Intentionen früherer Menschen und machen uns Bilder von Möglichkeiten für die Zukunft, die im Gegenwärtigen liegen.

Wieweit jeder einzelne Mensch *an jeder Kleinigkeit des Lebens* eine eigene Entwicklung durchmacht, einen individuellen Bezug gewinnt, wird sich in der Zukunft in den Landschafts-/Natur-/Lebenszusammenhängen abbilden. Dies zeigt sich in Gestaltungen; aber auch die nicht voll zur Gestaltung gekommenen Bestrebungen wirken über den geistigen, sozialen Prozeß weiter. Sie begegnen uns dann da und dort wieder in unserer geistig-sozialen, aber auch in der sinnlich erscheinenden Umgebung.

These: Nicht durch asketischen Verzicht, sondern durch eine sich bewußt in die Entwicklung stellende neue Lebenseinstellung werden der zunehmende Materialverschleiß, die Verschmutzungen usw. überwunden.

Wenn man derartige Ziele anspricht, wird oft gefragt, ob es nicht illusorisch sei, auf eine solche gewaltige Wandlung der Menschen zu warten. Zu warten eben gerade nicht! Man muß durchaus die Berechtigung und Notwendigkeit vorläufiger Gesetze und Maßnahmen von außen anerkennen. Diese sind aber offenlassend, den Menschen in seiner Eigenverantwortung und -entwicklung fördernd und nicht hemmend zu gestalten. Wenn man aber einsieht, *daß eine heilsame Lösung der Probleme nur in einer freiwilligen Neuorientierung unserer eigenen Lebenshaltung* liegt, kann man doch nicht früh genug beginnen, da-rauf hinzuarbeiten und zu zeigen, wie das möglich ist, ehe der materialistische Skeptizis-mus von Ost und West alle Tore dafür verschließt.

Das neue Leitbild: **Landschaft spiegelt wider, wie der Mensch in der Entwicklung steht. Landschaftsgestaltung wird immer mehr die Aufgabe bekommen, Hilfestellung zu geben, individuell überschaubare Verhältnisse zu schaffen, damit sich der einzelne mit seinen eigenen Intentionen in die Entwicklung stellen und so Verantwortung übernehmen kann.**

III
Arbeitsgruppenberichte

Elbealtarm
Elbufer
Pappelwäldchen
Prohlis
Bonnewitz

Elbealtarm

Susanne Becker und Cornelis Bockemühl

1. Der Ort

Der Ort unserer Arbeitsgruppe ist ein etwa acht Kilometer langes Gebiet im Osten Dresdens, das noch bis Anfang des letzten Jahrhunderts von Elbehochwässern durchflossen wurde und in früheren Zeiten wahrscheinlich das eigentliche Elbebett und zeitweise auch einen Seitenarm der Elbe bildete. Heute verbindet das Gebiet die inzwischen zu Dresden eingemeindeten Dörfer Zschieren, Sporbitz, Zschachwitz, Leuben, Dobritz, Laubegast und Tolkewitz.

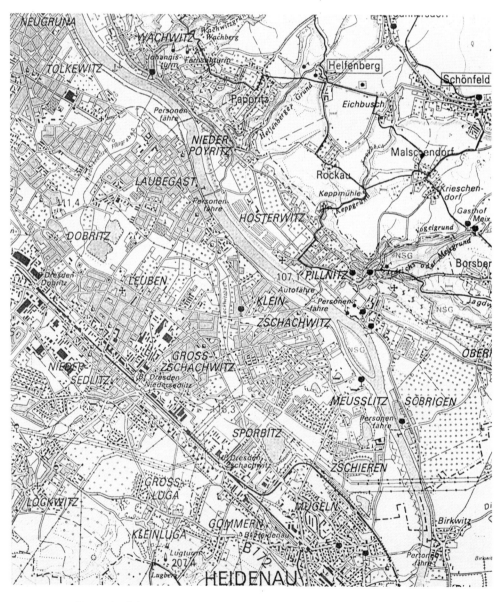

Der Verlauf des Elbealtarmes ist selbst im Stadtplan des heutigen Dresdens wiedererkennbar

2. Das Anliegen

Wesentliches Anliegen der Arbeitsgruppe war es, sich eines Raumes bewußt zu werden, der als solcher gewöhnlich nicht wahrgenommen und erlebt wird. Durch den Blick in geologische Zeiträume erhält er eine geschlossene Idee: Das Wasser der Elbe hat diesen Raum einst durchflossen, geprägt und gestaltet. Fragen schließen sich daran an: Ist heute an diesem Ort noch nachvollziehbar, wie einst das Wasser hier gestaltend wirkte? Sind vielleicht die heutigen Erscheinungsformen des Wassers dafür ein Wegweiser? Wodurch ist der Raum heute geprägt, wie gehen die Menschen mit ihm um? Diese Fragen zielen auf die Zukunft des Gebietes: Wie kommen wir zu Leitbildern für den künftigen Umgang mit diesem Landschaftsdetail Dresdens?

3. Die Arbeit vor Ort

3.1. Erster Tag: Erste Eindrücke im Altarmgebiet

Wir teilten uns auf, um von verschiedenen Orten im Altarm Eindrücke zu gewinnen, die wir uns anschließend mitteilten.

3.1.1. Bereich zwischen Meußlitz und Großzschachwitz

Zwischen Meusslitz und Grosszschachwitz, Blickrichtung Südwest.

Der Standpunkt ist auf der Putjatinstraße. Ein Gewässer (der Lockwitzbach) fließt in vier Meter breitem Trapezprofil, stark reguliert, Wasser braun, mäßig (im Süden) bis kräftig (im Norden). Der Graben scheint nicht exakt in der Talsohle zu verlaufen. Die Ufersituation ist gepflegt, gräserreich, gemäht. Auffallende Kräuter sind Löwenzahn und Winde. Nur wenige Gehölze am Ufer: junge Eschen am Brückenkopf, Weiden an der Böschungsoberkante, nördlich der Straße rechts „Wald" Insel. Enten im Bach. Im Süden der Straße dringt ein Gebäude mit seiner Ufermauer in den Querschnitt des Baches ein. Im Norden: Bachbett innerhalb des mit Wabenplatten ausgebauten Querschnitts leicht geschwungen durch angeschwemmtes Material, am linken Ufer Gärten.

Der Bestand des erwähnten Waldes nördlich der Putjatinstraße umfaßt Roßkastanien, Robinien, 35 Meter hohe Eschen teils in Reihe gepflanzt, Eichen, Ahorne (Berg , Spitz), Holunderbüsche, Linden. Am Nordzipfel große Platane, Rotbuche, Eberesche. Naturverjüngung: Spitzahorn. Altbäume: Esche, Eiche.

Dichtes, mehrstufiges Unterholz. Efeu an Bäumen hochrankend. Windbruch, viel Totholz. Auwaldrest. Boden: Aulehm. Im Wald ein Schuppen 20 mal 30 Meter, dessen Dachkonstruktion viele Bäume vereinnahmt hat. Viel Müll. Am Rand geht der Wohnungsbau viel zu dicht an den Wald heran. Zur Berthold-Haupt-Straße hin läuft der Wald spitz nach Norden aus.

Weiter nach Norden folgt ein Tennisplatz. Jammervoller Bachlauf mit Betonwabenplatten, üppigem, nitrophilem Uferbewuchs, überhängendem Trauf; trotzdem vier Stockenten. An der Westseite des Baches weiterhin Kleingärten. Auffallende Kräuter: Goldrute, Springkraut, Brennessel. Bäume: Robinie, älterer Ahorn.

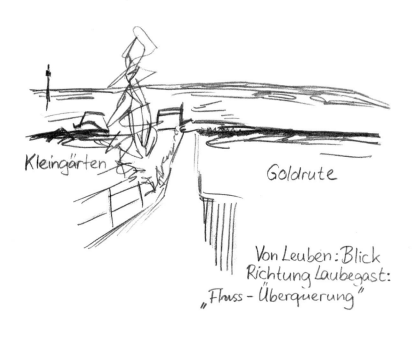

Kleingärten

Goldrute

Von Leuben: Blick
Richtung Laubegast:
„Fluss-Überquerung"

3.1.2. Bereich nördlich von Leuben

Der Bereich ist vom Gesamteindruck her mit Stadtrandgebieten vergleichbar. Bereits ein bis zwei Meter Höhenunterschied im Relief ändern das Raumerlebnis total: Es entsteht ein deutlicher Innen und Außenraum, abgegrenzt durch einen streckenweise deutlich erlebbaren Rand. Innen gibt es kaum hohe, feste Bäume, Häuser etc., außer Pappeln. Dafür viele Kleingärten, die einen sehr persönlichen Eindruck vermitteln: Man fällt als Fremder auf. Inmitten dieser kleinräumigen Vielfalt ist durch hohe Hecken keine Aussicht möglich. Von außen dringt am unklar ausgebildeten Rand feste Bebauung flach ein.

Hinter den Kleingärten hat sich der Innenraum zum Schuttplatz verwandelt: Niemandsland, „Ab" fallbereich. Hier gibt es nur Durchgänger, keinen Aufenthalt. Es ist einsam hier, doch wie aus einem Teller ist Weitsicht möglich: ein „vergessener" Raum mit Platz für Pflanzen und Tiere.

3.1.3. Bereich am Volkspark Tolkewitz

Von außen gesehen vermuten wir ein Waldgebiet mitten im Maisfeld, das schwer oder überhaupt nicht zugänglich ist. Von einer Seite berühren Gärten das Gebiet. Der Wald erscheint einheitlich, aber dennoch reichhaltig. Verschiedene Farben deuten auf verschiedene Gehölze und Früchte: rot und schwarz neben vielen Grüntönen.

Von nahem erleben wir eine Art Eingangsbereich vom Sportplatz aus: er gleicht einer hohen Fruchtmauer von Holunder, Hagebutten und Weißdorn. Dahinter scheint ein sich selbst überlassener, alter Garten zu liegen.

Im Inneren endlich sind wir überrascht, wie gegliedert das Gebiet ist. Wir finden einen Weißdorn-„Park", eine offensichtlich viel benutzte Crossstrecke, die Kompostregion der nahen Kleingärtner, verschiedenes Wildobst und verwilderte Obstbäume.

Die Geschichte dieses Ortes können wir von einem Kleingärtner erfragen, der in seinem Garten direkt an unserem Wäldchen arbeitet: Einst war hier ein Weidenquartier für die nahegelegene Gärtnerei. Es wurde gepflegt, mit Pferden bearbeitet, gekalkt und reichte bis an den Landgraben. Bis in die 50er Jahre wurde das Gelände dann von Korbmachern in Zschieren genutzt, bis ein Streit ausbrach, wem das Gelände gehöre. Seitdem wurde nichts mehr dort angebaut, die vielen jüngeren Pflanzen haben sich selbst ausgesät. Die Jugendlichen fühlen sich wohl in diesem „Wäldchen", für sie wurde eine Crossbahn gebaut. Wegen der Verlegung einer Ringwasserleitung der Wasserwerke Saloppe, Hosterwitz und Coschütz wurde das Gelände etwa 1980 durch einen baumlosen Streifen unterbrochen.

3.2. Zweiter Tag: Ein Bild des gesamten Altarms – Wasser Phänomene

Die ersten Eindrücke von gestern waren durch die jeweils gewohnte, persönliche Sichtweise des Betrachters geprägt. Haben wir eigentlich bemerkt, daß wir uns im Elbealtarm befanden? Am heutigen Tag stand die Bemühung im Mittelpunkt, einen „Gesamteindruck" von ihm und seinem Charakter zu gewinnen. Dem diente eine Gesamtbesichtigung mit dem Fahrrad ebenso wie die Beschäftigung mit einfachen, aber charakteristischen Wasser Phänomenen: Vielleicht eröffnen diese uns einen Blick auf Verbindendes in dieser Landschaft.

3.2.1. Mit dem Fahrrad den Altarm hinab

Ausgangspunkt ist Zschieren, wo der Altarm den heutigen Elbelauf verläßt. Wir sind von der Weite des Raumes beeindruckt. Es läßt sich kaum vermuten, wo heute der Fluß sein Bett hat. Riesige Erdbeerplantagen. Mächtig erheben sich die Hochspannungsleitungen; sie weisen den Weg entlang des Altarmes.

Zum Süden dieses Bereichs ein mysteriöses Randgebiet: Dicht neben einer stillgelegten Eisenbahnlinie werden die Gehölze wilder und dichter, ein schmaler Weg führt zu Buden, ein Hund beginnt fürchterlich in seinem Gatter zu kläffen, immer mehr Autowracks verstellen den Weg, dann bleibt nur noch das Ausweichen auf die hoch gelegenen Bahngleise. Niemand ist hier. Was für Menschen nutzten diesen Ort? Wofür? Es ist hier ein wenig unheimlich.

Auf dem Weg nach Meußlitz können wir oft zwischen den dörflichen Häusern hindurch die grünen Flächen des Altarmgebietes erkennen, aber es gibt keinen Weg, der uns durchführt. In Meußlitz finden wir einen verlandeten Teich, zuwachsend, mit Müll darin. Ein kläglicher Repräsentant des Wasserelementes im Altarm.

Der Weg von Meußlitz nach Sporbitz vermittelt uns den Eindruck einer Flußüberquerung: Über einen Damm (oder eine „Brücke") erreichen wir die „Uferwiesen" von Sporbitz. Auch hier ein Teich, der verlandet, bewachsen mit Schilf, doch nicht so stark als Müllplatz genutzt wie sein Bruder am anderen „Ufer".

Etwas „flußaufwärts" im Altarm liegt ein großer See, dessen klares Wasser zum Schwimmen einlädt. Die Ufer dieser alten Kiesgrube werden von Anglern besucht, und es gibt viele

Feuerstellen – ein Ort „urtümlichen" Lebens.

Hinter Sporbitz öffnet sich das Land nach Süden und führt die Lockwitz zum Altarm hin. Im Altarmbereich selber ist eine große Gärtnerei ausgebreitet. Wir können erst hinter ihr an der Putjatinstraße wieder zum Altarm abbiegen und gelangen in eines der von uns am ersten Tag aufgesuchten Gebiete. Neugierig versuchen wir gemeinsam, das gestern uns Beschriebene wiederzuentdecken. Tatsächlich gibt es im Wäldchen einen Schuppen, dessen Dach einfach an die vielen hohen Bäume genagelt oder geschraubt ist; wir stehen etwas fassungslos vor den geplagten Stützbäumen.

Hier, wo der Altarmbereich sich auf schmalem Raum zusammengezogen hat, können wir ihn endlich längs befahren. Das nahegelegene „Ufer" wird vom Wald entlang der Lockwitz gebildet.

Nach Überquerung der Berthold Haupt Straße weitet sich der Bereich wieder, wir folgen der Lockwitz durch Kleingarten und Gärtnereigelände. Wenn sie in Kleinzschachwitz den Altarmbereich verläßt, müssen wir uns erst wieder neu orientieren: Zwischen Kleingartenanlagen suchen wir unseren Weg, vorbei an offenstehenden Kiesgruben. Hier wird das Geheimnis des Untergrundes offenbar, der aus mächtigen Schichten von mehr oder weniger lehmigem Sand und Kies aufgebaut ist, ein zartes Farbenspiel.

In Leuben haben wir noch einmal in aller Deutlichkeit das Erlebnis von zwei „Ufern", die durch einen kleinen Weg quer durch den Altarm miteinander verbunden werden. Dieser Eindruck verschwindet im Bereich der Kleingärten im Innern des Bereichs, wo man nur noch „drinnen steht", weil keine weitere Sicht mehr möglich ist.

Nun hat die Stadt das Altarmgebiet erreicht. Ein neuer Baumarkt ragt unvermittelt in verwahrlostes und vollgemülltes Gebiet, Wohnungsneubauten drängeln sich am nördlichen „Ufer". Von der Pirnaer Landstraße zwischen Leuben und Dobritz aus müssen wir regelrechte Dämme überqueren, um zum Inneren des Altarmes zu gelangen: Sind es noch Zeugen der vergangenen Fluß Zeit oder die Aushubmassen eines riesigen Kiessees, der sich vor uns ausbreitet?

Eine fröhliche Schar nackter Männer, die Spätsommersonne am Kiesgrubensee genießend, schaut uns genauso verdutzt an wie wir sie. Es ist wohl keine übliche Wandergegend, eher ein Raum der zurückgezogenen Stille – Urlaub am Rande der Stadt. Hier kämpft sich auch noch ein kleines Wässerlein durch teilweise mühsames Gelände: der Niedersedlitzer Flutgraben. Erst an einem kleinen Wasserfall unter einer Brücke tritt das fließende Element stärker zu Tage: Wirbelbildend sprudelt und rauscht es und gibt Rätsel auf, da ein gewichtiger Teil im Untergrund zu verschwinden scheint. Wohin fließt dieses versickernde Wasser? Sein Weg ist für uns nicht ausfindig zu machen.

Wir können nicht widerstehen, auf den Schuttberg zu klettern. Er birgt einen Teil der Trümmer der 1945 zerstörten Stadt. Doch was ist aus diesen Trümmern geworden? Zunächst eine großzügige Aussicht über unseren Altarm. Von verschiedenen Seiten können wir in der Höhe weite Teile überblicken und sie deutlich von der Umgebung abgrenzen. Die beiden Elbuferhänge rahmen den Blick wohltuend ein. Doch auch die Beachtung der Einzelheiten am Berg lohnt sich: Eine Pflanzenvielfalt bietet Farbenspiel, läßt uns Tiere und schon wieder einen nackten Mann entdecken, der fleißig beim Holundersammeln ist. Die Wege sind nur für Eingeweihte zu durchschauen; wir irren etwas herum. Zuweilen ragen Betonreste aus dem Boden und erinnern an den Ursprung dieses Berges.

Jenseits der Salzburger Straße erleben wir eine deutliche Gliederung. Der Altarmbereich ist von Gärten und Garagen begrenzt, hinter denen sich auf beiden Seiten die Häuser anordnen. Ein nicht endenwollendes Maisfeld wogt wie eine weite Wasserfläche. Aber der Flutgraben, erkennbar an dem ihn begleitenden Gehölzstreifen, differenziert die Fläche. Mitten im Mais liegt ein Wäldchen wie eine Insel, daneben der Volkspark Tolkewitz. Beim Gedanken an die nahe gelegene Trinkwasserfassung des Wasserwerkes Tolkewitz verliert der Mais seinen Zauber und wird zur Gefährdung des Trinkwassers.

Jenseits der Wehlener Straße haben wir schließlich die Elbuferwiesen erreicht. Hier erst ist das Ufererleben mit der Wahrnehmung des majestätisch dahinfließenden Stromes verbunden.

3.2.2. Wasserexperimente

Im Seminarraum (das Palmenhaus im Pillnitzer Schloßpark) widmeten wir uns ganz anderen Phänomenen des Wassers.

Wirbelstraße

Mit Hilfe von Glyzerin und Bärlappsporen können Strömungsformen sichtbar festgehalten werden. Dazu wird einfach ein Stab geradlinig durch die Flüssigkeit gezogen. Die gleichen Formen entstehen in Wasser zwar ebenso, aber dort lösen sie sich gleich wieder auf.

Durch Zeichnen vertieften wir unsere Beobachtung und spürten dem Prinzip dieser Bewegungen nach.

Wirbeltrichter

Das ruhende Wasser in einem runden Glaszylinder bildet eine ebene Oberfläche, die der Erdkugel entspricht. Durch immer stärkeres Umrühren entsteht ein Wirbeltrichter mit Oberflächenmustern, fast wie gewisse Hörner von Tieren. Mit Tinte werden zusätzlich Bewegungen innerhalb des Wasserkörpers sichtbar gemacht: Unzählige Lamellenschleier gleiten aneinander vorbei und schwingen rhythmisch in die Tiefe.

Mäanderbildung auf einer Glasplatte

Läuft Wasser über eine in einem bestimmten Winkel geneigte Glasplatte, so sucht es nicht den kürzesten Weg nach unten, sondern schwingt in ständig wechselnden Mäandern, bildet rhythmische Knotenpunkte, sich ständig wandelnde, im Fluß stehende Formen.

4. Dritter und vierter Tag: Landschaft und Wasser   Landschaft und Mensch

Diese Tage dienten dazu, Beziehungen von der Landschaft sowohl zum Wasserelement als auch zum Menschen herzustellen. Die folgenden Abschnitte fassen die weiteren Beobachtungen und ausgiebigen Gespräche kurz zusammen, die zur Charakterisierung und Vertiefung des Erfahrenen nötig waren. Schließlich kamen wir dabei auch zu Gedanken und Kriterien für einen möglichen zukünftigen Umgang mit dem Altarmgebiet.

Skizzen der Teilnehmer zu ihren Beobachtungen von Wirbelstraßen

4.1. Begegnungen mit Wasser in der Altarmlandschaft

An verschiedenen Orten des Elbealtarms begegnet uns auch heute noch auf sehr unterschiedliche Weise Wasser.

Stehende Gewässer:

Kiesgruben:
- Glitzernde Wasserflächen
- Wellen – Spiegelungen – Licht – Himmel
- Verletzter Erdboden
- Scharfe Grenze zwischen Land und Wasser, fast ohne Übergang

Verlandete Teiche:
- Nur Uferbereich ausgebildet
- Im Moment kein Wasser drinnen
- Prozesse: Natürliche Verlandung, Auffüllen durch Menschen
- Entwicklungstendenz vom Wasser zum Land

Fließende Gewässer:

Lockwitzbach:
- Radikal eingefaßter Wildbach
- Kräftig, rauschend
- Erlebbar nur von Brücken aus
- Sonst versteckt zwischen Wald, Gärten, Zäunen

Niedersedlitzer Flutgraben:
- Künstliches Bett, z.Z. kaum Wasser
- Viel Sediment als Hinweis auf zeitweise sehr kräftige Wasserführung
- Erlebbar von Ferne: Gehölzstreifen im Feld

4.2. Wassererlebnisse auch ohne Wasser?

Wodurch entsteht der Eindruck von einem „Ufer des Elbealtarmes", ohne diesen doch von Wasser durchflossen zu sehen? Sowohl das Relief als auch die Enge und Weite im Raumerleben geben Anhaltspunkte dafür:

- Zschieren: überschaubare Ebene läßt genauen Elbelauf nicht erkennen; Weite scheint sich von Elbhang bis Elbhang zu spannen, innerhalb der Ebene nahezu norddeutsches Landschaftsbild
- Sporbitz – Meußlitz: zwei Dorfkerne begrenzen Elbealtarm, ausgeprägte Ufersituation durch Relief, überschaubare Weite, Landschafts „Ordnung"
- Bahnhofstraße – Berthold Haupt Straße: Enge, Häuser drängen weit in noch erkennbares Altarmrelief, Waldstreifen bildet hohe Mauer zu Wohnsiedlung, Bach eng eingeschlossen von Gärten und Wald
- Richtung Leuben begrenzte Weite, deutliches Uferrelief an beiden Seiten, innerhalb des

Altarmes ist Weite teilweise nicht erfahrbar durch Gartensiedlungen, die nur äußerst begrenzten Horizont erlauben

- von Leubener Straße aus weiter Blick in Elbealtarm in beide Richtungen, Wasser ist nah, aber nicht zu sehen, Ort macht unentschiedenen Eindruck
- Kiesgrube: große Fläche, Weite, aber Enge an Kleingärten unterhalb des Trümmerberges
- zwischen Dobritz und Tolkewitz: überschaubare Weite, Maisfeld erscheint wie Fluß, „Ufer" durch Siedlungen auf beiden Seiten; Enge, Räumlichkeit entsteht am Wäldchen.

4.3. Schematische Zusammenfassung

Wir versuchten, die unterschiedlichen Wassererfahrungen, vom Experiment bis zu den „wasserlosen Wasser-Erlebnissen", etwas konkreter zu fassen. Dies versuchten wir mit Hilfe einer kleinen Tabelle, in der wir einige allgemeine Qualitäten des Wassers entsprechenden Landschaftsqualitäten gegenüberstellten. Auch mehr seelische Charakterisierungen nahmen wir mit hinzu.

	Oberflächenbewegung (außen)	Eigenbewegung (innen)	Landschaftsqualitäten
ruhendes Wasser „Hingabe"	• Horizontale – Erdkugel • Spiegel – Selbsterkenntnis • Wellen durch Bewegtwerden	• Konstanz der Lage • Temperaturschichtung • Zweimal jährlich Umwälzung	• Reservoir • Ausgleich (Temperatur, Feuchtigkeit) • Ruhe, Weite, Stille • Spiegel des Himmels auf der Erde • „Alter"
bewegtes Wasser „Aktivität"	• Krümmung – Kugelbildung • Tropfen, Blasen, Wirbel • Einschnürungen und Weitungen • Wellen durch Eigenbewegungen	• Pulsieren (Wirbeltrichter) • Schwingen (Mäander) • Konstanz der inneren und äußeren Form	• Relief • Laufveränderung • Hochwasser • alltägliche Veränderbarkeit • Unberechenbarkeit • „Jugend"

4.4. Menschen im Elbealtarm

Um ein Bild des menschlichen Bezuges zur Altarm Landschaft zu gewinnen, gingen wir von unserem eigenen Erleben aus und versuchten, immer mehr die Situation auch als Ausdruck des Erlebens der hier lebenden Menschen zu verstehen. Wir sammelten zunächst einmal die Momente, wo wir überrascht wurden, wo also unsere vorher gefaßte Vorstellung nicht mit dem konkreten Erlebnis übereinstimmte:

- Der Altarm ist an Ort und Stelle verblüffend gut als solcher erlebbar; viel mehr „Detektivarbeit" wurde erwartet, um ihn in der Landschaft zu erkennen
- Existenz eines beachtlichen Baches im Altarm (Lockwitz), Enten, tiefer Einschnitt

- Wasserflächen der Kiesgruben
- die Vielgestaltigkeit des Schuttberges, Differenziertheit, Pflanzenvielfalt, Begehbarkeit; Begegnung mit Hasen in etwas wüster Umgebung; nackter Herr beim Früchtesammeln – Assoziation zu „Ureinwohner"
- mitten im Wald nicht bestimmbare Obdachlosen oder Kinderspielbehausung; „Stadtrandsituation" im sozialen Sinne, Randexistenzen; „Grusel" Orte mit möglichen Anzeichen von Obdachlosigkeit, sozialem Abstieg, Kriminalität.

Daraus ergaben sich im Gespräch unmittelbar weitere Gedanken und Fragen:

- Ich erlebe den Altarm insgesamt bzw. dessen Ränder als Orientierung; dieser Eindruck verläuft sich gegen Zschieren hin immer mehr
- Im Verlaufe der mehrfachen Begegnung erreichte ich es, den Altarmbereich als ganzen, zusammenhängenden Freiraum zu erleben; das konzentriert sich insbesondere im Bereich zwischen Klein und Großzschachwitz (Wäldchen, Lockwitzbach, Kleingärten)
- Mir scheint, daß dieses Erleben aber ein ganz anderes ist als das der hier lebenden Menschen; dafür spricht zum Beispiel die Tatsache, daß kaum einmal ein Weg im Altarm längs verläuft, fast immer nur quer
- Ich kann mich hier aus der Stadt zurückziehen; ich fühle mich hier nicht dauernd beobachtet
- Nein, ich erlebe mich hier nicht wie draußen im Grünen, sondern wie in einem großen Hinterhof
- Ich erlebe insgesamt etwas Chaotisches, wo halt jeder so alles mögliche macht; mein unmittelbarer Impuls wäre, hier etwas Ordnung zu schaffen; könnte das vielleicht auch falsch sein?
- Vielleicht kann man sagen: Hier leben sich nicht menschliche Bedürfnisse „nach außen" aus, wie etwa im Bereich von Wohnhäusern, Straßen, Geschäftszentren, Marktplatz, Kirchen, sondern hier leben sich mehr verborgene Bedürfnisse aus: das eigene Gärtchen, ein Rückzugsbereich usw.
- Ich hatte und habe eine unmittelbare Abneigung gegen große Teile des Altarmbereiches; das steigert sich von den verwahrlosten Brachflächen bis hin zu den Ecken, wo Gestrüpp, Baracken, Autowracks und Abfall nur noch durcheinander liegen und wo dann Leute Hunde halten oder selber irgendwie hausen
- Der „wäßrige Charakter" in vielen aktuellen Nutzungen: Das Provisorische könnte jederzeit wieder abgebrochen werden, ist also „in Bewegung".

Die bestehenden Beziehungen der Menschen zu unserem Gebiet versuchten wir mit Hilfe einer Übersicht über heutige Nutzungen zu ergründen:

Große Flächenanteile:

- Landwirtschaft (Wiesen, Weiden, Äcker, Obstplantagen)
- Kleingärten
- Brachflächen
- Kiesgruben und ehemalige Kiesgruben (jetzt Seen)

Geringe Flächenanteile:

- Einzelne Wohngebäude (am Rande)
- Einzelne Gewerbe-Schuppen, Garagen
- Straßen, Fuß und Radwege inklusive Straßenbahn
- Sportplätze
- Trümmerberg
- Kleinere Müllabladeplätze
- Fließgewässer (Lockwitzbach, Niedersedlitzer Flutgraben)

- Verlandete Tümpel (ehemalige Klärteiche?)
- Wald
- Weitere Gehölze: Ufer und Feldgehölze, Baumreihen, Hecken, Einzelbäume und sträucher

Weitere Nutzungen:

- Trinkwassergewinnung
- Hochspannungstrassen

Manche Nutzungen und Beziehungen zum Raum sind nicht durch eine Betrachtung der Flächenaufteilung zu erfahren. Hier einige Stichpunkte dazu:

- Wege gehen eher quer als längs, Überqueren ist bedeutender als der Weg entlang des Elbealtarms, Zusammenhang mit „Ufererlebnis"?
- Erholung: Kiessee, Trümmerberg, Angeln bei Sporbitz im Kiessee, Feuerplätze
- Leitungstrasse
- Verlassenheit, Goldrutenflächen, Freiraum für Randgruppen oder Keim für Asozialität?
- Müllkippen
- Gesamteindruck: „Hinterhofsituation"

5. Gedanken zu Schutz und Entwicklungsaspekten

In unserem Vorgehen stand immer unser eigenes, unmittelbares Erleben und dessen Vertiefung im Mittelpunkt. Das in der kurzen Zeit Erreichte erscheint noch sehr undeutlich und anfänglich. So entstand die Diskussion, wie solch ein Vorgehen in Beziehung steht zu einem Arbeiten, welches mit einem mehr etablierten Instrumentarium des Landschaftsschutzes operiert. Wie steht unsere Arbeit z.B. im Verhältnis zu den folgenden fünf definierten Schutzaspekten:

- Arten und Biotopschutz
- Gewässerschutz
- Bodenschutz
- Klimaschutz
- Landschafts und Erlebnisraumschutz

Wir fragten uns, wie man überhaupt dazu kommt, ein Gebiet schützen zu wollen, und wie zum Begriff eines schutzwürdigen „Landschafts und Erlebnisraums": Was liegt ihm zugrunde? Wir bekamen den Eindruck, daß speziell hinter diesem Begriff noch eine Menge Anliegen versteckt sind, die eigentlich erst einmal noch konkret formuliert werden müßten. Wie kommt man dazu? Ist hier nicht gerade der Ansatz beim eigenen Erleben gefordert, zumal wir es doch selber sind, in denen das Bedürfnis nach „Schutz" gewisser Qualitäten auftritt?

Darüber hinaus stellten wir uns die Frage, ob der „Schutz" des Altarmbereichs nicht gerade auch darin bestehen müßte, Entwicklungsaspekte sichtbar zu machen, ohne daß damit „das Wesentliche" des Gebiets zerstört würde. Konkret sind die aufgezählten fünf Schutzaspekte ja zunächst Gesichtspunkte, unter denen man in einem Gebiet gezielt Bestandsaufnahmen machen kann, die aber selbstverständlich nur aktuell Vorhandenes, d.h. bis jetzt Entwickeltes wiedergeben. Müßte nicht ein sechster Punkt in das obige Konzept aufgenommen werden: „Keimhafte Ansätze zu ganz Neuem"? Auch dies könnte wiederum aus verschiedenen Erlebnissen angeregt werden. Beispiele dafür:

- Der Altarm ist sicher vor sehr langer Zeit ein Auenwaldgebiet gewesen, und Entwicklungsmöglichkeiten für einen solchen sind sicher noch vorhanden. Eine großflächige Sukzession zum Wald mit Überflutungscharakter könnte eingeleitet werden, evtl. in

Verbindung mit einer Funktion des Altarms als Flutrinne. Dies ist ein stark an der Vergangenheit orientiertes Entwicklungsziel.

- Dem können ganz frei in der Phantasie erzeugte Visionen gegenübergestellt werden, die sich kaum an der Vergangenheit und am gewordenen Charakter des Orts orientieren würden. Ein durchaus positives Beispiel in diesem Sinne ist der „Große Garten", auch der Bereich eines ehemaligen Elbealtarmes. Wäre nicht vor 300 Jahren eine prägende, bestimmende Gestaltung für dieses damals weit außerhalb der Stadt liegende Gelände durchgeführt worden, so wäre die heute sich weit erstreckende Parkfläche mitten in der Stadt von Häusern, Industrie und Straßen besetzt.

- Auch „nichts tun" hat natürlich Folgen: Der Flächenhunger in der gegebenen Lage würde wohl zu einer zunehmenden baulichen Nutzung des Geländes führen. Dies ist natürlich gerade der Ausgangspunkt des Bedürfnisses nach „Schutz".

In ihrer radikalen Einseitigkeit sind alle diese Entwicklungsziele abzulehnen. Unter Berücksichtigung sowohl ökologischer wie sozialer Aspekte ergaben sich uns folgende Kriterien für differenziertere Entwicklungsbilder:

- Möglichst keine weitere Bebauung, d.h. Erhalt des jetzigen Freiraumes mit Dominanz der Grünnutzung. Dies entspricht der auch ökologisch dringend nötigen Wahrung einer Freifläche im immer mehr städtisch werdenden Raum.

- Maßnahmen zur Verstärkung dieser Tendenzen: Neubegründung von Gehölzen auf kleineren Flächen; Entwicklung eines Auwaldes bei Sporbitz zur Rückhaltung des Elbewassers bei Hochwasser; Renaturierung der vorhandenen Fließgewässer.

- Umwandlung großer Ackerflächen in Grünland, um gleichzeitig Erholungsnutzung zu ermöglichen. Ebenfalls Umwandlung von Waldresten in begehbare und erlebbare Parklandschaften. Begrenzung des Kiesabbaus, statt dessen Schaffung von Erholungsmöglichkeiten. Dies alles trägt dem immer mehr städtischen Charakter Rechnung.

- Erhaltenswert sind die Kleingartensiedlungen, die langfristig aber auf giftfreie Bewirtschaftung umstellen sollten.

- Ebenso erhaltenswert schien uns der besondere Charakter des Trümmerberges, unter Vertiefung der Harmonie zwischen Erlebnisbereich und Artenschutz.

- Eine durchgehende Wegführung auch längs des Elbealtarmes könnte diesen als solchen viel stärker erlebbar machen.

- Viele Bereiche des Altarms haben heute den Charakter von „Freiräumen", die aber auf sehr unterschiedliche Weise ergriffen werden; es sei einerseits erinnert an die an Gewalt und Asozialität erinnernde Atmosphäre verschiedener schwer zugänglicher und unbeobachteter Orte, andererseits an die amüsanten Erlebnisse mit nackten,die „Natur" genießenden Herren. Das offene, nicht Festgelegte dieser Situationen erinnert in seiner Qualität an fließendes Wasser, welches in seiner Art sich ausleben will. Wie kann das berücksichtigt werden, ohne daß Mütter Angst um ihre in dieser Gegend herumstrolchenden Kinder haben müssen?

- Dem steht als Gefahr gegenüber, daß aus dem Raum, wenn er in keiner Weise in eine Entwicklung eingebunden wird, leicht ein „Nicht-Raum" entsteht; dies vor allem wegen seiner stadtnahen Lage, wodurch sofort wilde Müllplätze und andere „Schatten" des städtischen Lebens „angezogen" werden.

Mit diesen Gedanken im Hintergrund wurde auch ein konkretes Beispiel für eine Entwicklungsmöglichkeit angedacht: eine biologische Landwirtschaft, die auch für die anwohnenden Stadt Menschen Möglichkeiten bietet, sich mit der Erde tatkräftig und verantwortungsvoll zu verbinden. Dafür müßte sich eine Menschengemeinschaft finden, die bereit ist, dies zu tragen, d.h. den Menschen sowohl gesunde Nahrung wie Erholungsraum zu bieten.

6. Der mineralische Untergrund als Gestaltungsaspekt oder die „Konstitution" einer Landschaft

Unter welchem Gesichtspunkt kann die Beschäftigung mit dem mineralischen Untergrund eines Gebiets, d.h. seiner Geologie und Hydrologie, auch für Gestalter von Interesse sein? Unter einem Altarm eines Flusses versteht man ein früheres Bett, das nicht mehr durchflossen wird. Ein „Elbealtarm" ist also eine zunächst nur „naturgeschichtlich" bestimmte Landschaftseinheit – hier fließt ja nicht einmal mehr Wasser! -, während es beim Gestalten doch eher um Zukunftsperspektiven und Entwicklungsmöglichkeiten geht.

Beschäftigt man sich eine Weile mit einer Landschaftseinheit wie dem Elbealtarm direkt im Gelände, dann begegnet man dort Ackerflächen, Kleingärten, Kiesgruben und Kiesseen, Brachland, einem kleinen Wäldchen usw., wie zufällig durcheinander, aber es wird durchaus auch „Einheitliches" oder „Besonderes" darin spürbar. Es mag die Frage entstehen, ob in diesem „Einheitlichen" nicht auch etwas Schützenswertes zu fassen wäre – nur was denn eigentlich? Die Tatsache, daß hier früher einmal Wasser war, kann es wohl kaum sein, denn die kann doch sowieso nicht mehr „zerstört" werden ...

Im Verlaufe der Übungswoche hörten wir den Vortrag des Dresdner Architekten und Stadtplaners *Michael Kaiser*, der enthusiastisch von einem „Gesetz" der Dresdner Stadtentwicklung sprach (siehe folgenden Beitrag). Um uns dieses deutlich zu machen, wies er im wesentlichen auf die räumliche Gliederung der umgebenden Landschaft im Großen hin, z.B. die Ebene des Elbtales und die Art, wie diese durch den von Nordwest nach Südost verlaufenden Abbruch des Lausitzer Hochplatcaus begrenzt wird. Durch weitere Beispiele aus anderen Landschaften Europas wurde deutlich, daß er eigentlich als „Gesetz" etwas ansprach, was direkt mit der jedem Ort eigenen geologischen Grundkonfiguration zusammenhängt. Selber sprach er dies allerdings nicht explizit so aus; vielleicht war es für ihn auch nicht so wichtig, oder er hat es selber nicht realisiert.

In mehr oder weniger bergigen Gegenden ist es deutlich, wie schon unmittelbar in der Morphologie Charakteristisches für jede Landschaft liegt. Diese Morphologie ist im allgemeinen rein räumlich zu groß, als daß wir sie im täglichen Leben besonders beachten würden, aber die „Gesten", die darin liegen, wirken bis in unser Lebensgefühl hinein: die Lage an einem großen, überall leicht wahrnehmbaren Berghang oder die Lage auf einer leicht abfallenden Schräge, die aber nirgends als „Berghang" sichtbar wird; schroffe Felsen oder sanfte, bewaldete Hänge usw. Das sind Unterschiede, die, vor allem wenn man länger an solch einem Ort lebt, das Lebensgefühl stark prägen. In diesem Sinne hat eben auch die Dresdner Landschaft ihre ganz klar bestimmte „Gestalt" – mit dem Lauf der Elbe am Abbruch des Lausitzer Granits und dem allmählichen Anstieg der Flußebene zum Erzgebirge hin. Erstaunlich ist es, daß auch im kleineren Maßstab wie beim Elbealtarm eine solche Gebärde zu finden ist. Sie ist kenntlich im Herumwandern, u.a. dadurch, daß hier das Gelände ein bis zwei Meter tiefer liegt als direkt darum herum. Erst wenn man darauf achtet, bemerkt man, daß dieser Höhenunterschied auf weite Strecken doch als recht deutliche Böschung ausgebildet ist, wie ein echtes Flußufer.

Ein wenig verborgener ist die Tatsache, daß auch der Untergrund von Ort zu Ort unterschiedlich aufgebaut ist, das eigentliche Thema von Geologie und Hydrologie. Dies bedeutet aber indirekt auch: Es herrschen andere Verwitterungsprozesse, andere Möglichkeiten des pflanzlichen und tierischen Lebens und in gewissem Maße auch andere technische Voraussetzungen menschlicher Gestaltung. Auch die größere Nähe des Grundwassers ist wesentlich, mit allen Folgen beispielsweise für Vegetation und Bebauung, und die Kiesfüllung des Gebiets, welche dem Grundwasser einen natürlichen Schutz bietet, wo sie nicht ausgebeutet wird.

Überraschend ist in diesem Zusammenhang die Tatsache, daß man selbst in einer solchen Gegend, wo sich das „Einheitliche", „Besondere" durch die Eingriffe des Menschen dem ersten Blick verbirgt, in allen möglichen thematischen Kartierungen oder in Luft- bzw. Satellitenaufnahmen in allen Spektralbereichen immer wieder die gleichen „Grundmuster" erkennt. Dies zeigt auf, daß das angesprochene „Gesetz" als Eigentümlichkeit eines Ortes eigentlich selber sehr „zäh" und stabil ist, daß es als solches also nicht sehr „schutzbedürftig" ist.

Sieht man einmal diesen Zusammenhang, dann würde man besser nicht von „Gesetz" der Landschaft sprechen – das könnte als eine von außen erzwungene, willkürliche Regelsammlung mißverstanden werden -, sondern eher von deren „Konstitution", die es zu entdecken gilt. Die Konstitution eines Menschen besteht in der Grundanlage seines Leibes mit dessen physischen Formen und Betätigungsmöglichkeiten bis hin zu seinen ausgebildeten und noch entwickelbaren Fähigkeiten. Diese als Konstitution in einem bestimmten Rahmen festgelegte Einseitigkeit seines Leibes, seine Besonderheit, bildet die Grundbedingung dafür, daß der Mensch sich anderem gegenüberstellen und aus eigener Entscheidung, d.h. mit seinen Möglichkeiten, frei handeln kann. Was hier mit Konstitution der Landschaft gemeint ist, bildet eben solch einen Rahmen, der den Gestalter in den Einzelheiten des Gestaltens völlig frei läßt. Wenn er sie jedoch versteht, kann er viel stärker „dem Ort gemäß" gestalten, „mit" den spezifischen Möglichkeiten des Ortes gehen, nicht dagegen arbeiten.

Obwohl diese „Konstitution" uns nicht immer gleich auffällt, ist sie doch nicht mit einer vom Aussterben bedrohten Pflanzen- oder Tierart zu vergleichen. Sehr wohl schutzbedürftig sind aber möglicherweise besondere Situationen oder Biotope, die sich aufgrund einer bestimmten „Konstitution" erst entwickeln konnten.

In diesem Sinne ist der Elbealtarm eigentlich vor allem als eine ganz spezifische Entwicklungschance aufzufassen, die in ihrer Eigenart erkannt oder verschlafen werden kann. Die heute im Gebiet vorfindbaren Naturräume und Nutzungsweisen zeigen diesbezüglich schon eine Vielzahl von konkreten Bildern und Ansätzen, aber gewiß nicht alles. Es gilt also, nicht nur das Vorhandene festzustellen und gegebenenfalls zu schützen und auszubauen, sondern darin auch die erst keimhaft angelegten Möglichkeiten zu erkennen. Dies war im Kern das Bestreben unserer Arbeit im Elbealtarm.

Stadtentwicklung in Dresden
Anfragen, Chancen, Probleme
(Zusammenfassung des Vortrages vom 12. September 1994)

Michael Kaiser, Dipl.-Ing. Architekt

Der Mensch erlebt den Raum. Die Verinnerlichung von Raumerlebnissen kann, wenn sie bewußt gemacht wird, zu Erkenntnissen führen. Sie entstehen aus der Spannung zwischen Phantasie und Wirklichkeit. In der Phantasie streben wir nach einem harmonischen Gesamteindruck. In der Wirklichkeit ist er getrübt, oft bitter entstellt. Das Urbild ist aber beschreibbar. Seine Konturen aus Bildungskräften der Natur und des menschlichen Hinzutuns wirken als Ganzheit, erzeugen aufbauende Kräfte. Das Wesen des Gesamtbildes zu erkennen, sich für seinen Inhalt, ja seine Vervollkommnung zu interessieren ist Teil des inneren Dranges des Menschen nach eigener Vervollkommnung. Der Verlust der Ganzheit erzeugt Unbehagen, löst Ängste aus. Im Erlernen der Fähigkeit, Beeinträchtigungen benennen zu können und tätig zu werden, sie abzubauen, erwächst Zuversicht, setzt Hoffnung ein.

Das Beispiel Dresden
Beim Erlebnis der großräumigen Lage des Stadtkörpers kommen kontemplative Gefühle auf, die im tiefsten Innern anrühren. Der Ankommende schaut von den Höhen auf ein majestätisch ausgebreitetes Meer von Dächern, Türmen und grünen Zäsuren und ist ergriffen von der Kraft der rahmenden malerischen Landschaftssilhouette. In der Talebene wiederum sind es die „Fenster" zur offenen Landschaft der Höhenzüge, an denen sich spontan die Erbauung festmacht. Allem voran aber vermitteln die großen freien Ebenen der Elbauen und Verlandungen eine feierliche Stimmung. Von diesen Orten überblickt das Auge die ganz große Formung als Einheit und wird für die Feinheiten dieser Gestaltung sensibilisiert.
Es bedarf kaum einer Übung, das Störende herauszufinden, das durch bauliche Entwicklungen verursacht wird, wenn sie sich der erkennbaren Ordnung nicht unterwerfen. Mit ihren zu großmaßstäblichen Formen in der Hanglandschaft, mit ihren zu hellen Oberflächen der Fassaden, mit ihrem die Fernsicht versperrenden Hochwuchs graben sie sich immer als etwas Wesensfremdes in das Gesamtbild ein. Aufgrund solcher Gesetze sollte es das vordergründige Trachten des entwerfenden Gestalters sein, die räumliche Wirkung seiner Planung im Gesamtkontext frühzeitig zu ermitteln. Der Werdegang so mancher bereits erfolgter Fehlentwicklung zeigt, daß das notwendige vorherige Abprüfen stadträumlicher Aspekte gar nicht erfolgte. Leider ist auch eine das gesamträumliche Leitbild formulierende räumliche Gestaltplanung für Dresden noch nicht erstellt worden. In der Flächennutzungsplanung der Stadt gehören Aspekte der baulichen Auswirkung auf die Qualität des Raumes nicht vordergründig zu den Entscheidungsgrundlagen. Hinzu kommt, daß die erlebbare Stadtlandschaft einen ganz anderen Umfang hat als das hoheitliche Gebiet innerhalb der geltenden Stadtgrenzen. Die bauliche Entwicklung der zahlreichen Kommunen des Umlandes, auf deren räumliche Auswirkungen die Stadt kaum Einfluß hat, erfolgt nach ganz anderen Gesichtspunkten als nach denen der Erhaltung der Raumqualität Dresdens.
Wie das Beispiel Altfranken, einer gewerblichen Ansiedlung auf der Hangkuppe, zeigt, wird dem Wesen der großen Stadtgestalt das Antlitz abgerissen. Die Faszination der ausgebreitet im Tal liegenden Stadt wird in einen niederschmetternden Affront umgewandelt. Dem suchenden Auge stellen sich zahllose Wände weißer Riesenkartons in den Weg. Ein „Panorama"-Restaurant richtet seine Fenster nicht auf die Stadtseite, sonder auf die rückwärtigen Parkplatzflächen. Dieselben Gebäude nehmen in zehn Kilometer Luftlinie dem bekannten „Waldschlößchen-Blick" wieder ein Stück mehr von seiner bestechenden Schönheit weg. Hinter der Stadtsilhouette werden die grünen Hänge zu schillernden Reflektoren in der Sonne. Solche Umwandlungen stehen heute unaufhaltsam auf der Tagesordnung, am Heiderand, auf den Südhöhen, in Bannewitz, auf dem Heller. Und das ist das verheerendste: In Erwartung der baulichen Realisierung der für Dresdens Raumqualität tödlichen Grundsatzentscheidung zugunsten einer Autobahnführung entlang der südlichen Höhenrücken werden in unseren Tagen riesige gewerbliche Standorte aktiviert, allesamt in solchen für das Stadtbild verhängnisvollen Lagen. Wenn schon die räumlich-ästhetischen Gesichtspunkte aufgrund dessen, daß sie von keiner Lobby stark genug vertreten werden konnten, kein Gewicht hatten, bleibt die Hoffnung auf quantifizierbare Belange des Umwelt- und Naturschutzes.
Für die Zukunft aber ist mehr denn je wichtig, daß Planer im Erkennen der räumlichen Wesensmerkmale der Stadt-Landschaft und im Vertrauen auf ihr eigenes untrügliches Gefühl für diese Daseinswelt offensiv werden und unermüdlich den Versuch unternehmen, ihr Wissen um solche Belange in die zuständigen Entscheidungsebenen zu tragen.

Elbufer

Dorothea Roggan und Cristobal Ortin

1. Einführung

Wer könnte heute dem Wunsch Augusts des Starken, die Elbe in einen zweiten „Canale Grande" zu verwandeln, nicht wohlwollend begegnen? Die Pracht der barocken Schlösser, aber auch die Möglichkeit, eine Residenz nicht auf steinigen, holprigen Wegen, sondern majestätisch über das Wasser gleitend erreichen zu können, müssen jeden mit sinnlichen Freuden begabten Menschen überzeugen.

Doch schon die Bilder Canalettos zeigen, wie trotz der prunkvollen Bauten Dresdens Elbfront die für Venedig charakteristische Homogenität der Fassadenzüge nicht bietet. Wie denn auch? Dresden steht in einer Auenlandschaft an einem mäandrierenden Fluß, dessen Wasserpegel starke Schwankungen aufweist. Während die Lagune eine geschlossene Form der Ufergestaltung für die Stadt Venedig erlaubt, muß in Dresden bei der Plazierung eines Palais auf die spezielle Charakteristik der gegebenen Uferpartie eingegangen werden, soll dieses beim nächsten Hochwasser nicht den Fluten zum Opfer fallen.

Die Folge ist eine Vielfalt von Ufersituationen, die den für Dresden charakteristischen heterogenen Eindruck des Elbraumes hervorrufen.

2. Die Pappel

Da wir lediglich vier Arbeitstage zur Verfügung haben, verzichten wir auf eine vollständige Aufnahme der vielzähligen Ufersituationen und richten unser Augenmerk auf die methodische Vorgehensweise. Unser implizites Thema wird „die Bildverwandlung unseres Gesichtsfeldes aufgrund eigener Bewegung" sein. Probehalber betrachten wir, die Vorbeieilenden, einen Tag vor Beginn der Tagung eine südlich der Pillnitzer Insel am Ufer stehende Pappel. Wir nähern uns der Pappel von der Fähre her kommend auf dem Uferweg. Beim ersten Anblick aus relativ großer Entfernung halten wir inne, schauen und beschreiben, ca. 20 Minuten lang. Dann nähern wir uns weiter, bis wir den Eindruck haben, das vor uns liegende Bild der Pappel hätte sich verändert, bleiben wieder stehen, schauen und beschreiben. Diesen Vorgang setzen wir fort, bis wir am Baumstamm sind, daran vorbeigehen und dann die Pappel von der anderen Seite anschauen können. Den Beschreibungen legen wir vier Fragen zugrunde:

a) Was sehe ich?
b) Welche Verwandlungstendenz zeigt das Bild?
c) Welche Empfindung bewegt mich, wenn ich mich in das Bild versetze?
d) Wie finde ich mich darin selbst?

Fragmentarisch seien hier die Bildbetrachtungen von drei Standorten aus wiedergegeben:

2.1. Erster Ort

a) Was sehe ich?
Die silbergrünen, kleinen Flächen flattern mal dunkel scheinend, mal hell spiegelnd, schnell wechselnd im Wind. Dazwischen scheint das Blau des Himmels durch. Links unten ist eine größere dunkelgrüne Fläche, deren Dunkelheit rätselhaft bleibt.

b) Welche Veränderungstendenz?
Das hellgrüne Flattern scheint im Weitergehen zu bleiben, während die dunkle Fläche sich auszudehnen droht.

c) Welche Empfindung?
Während mich das klirrende Farben- und Lichtspiel erfreut, empfinde ich beim Gewahrwerden der dunkleren Fläche Unmut; ich vermeine, am Bein festgehalten zu werden.

d) Finde ich mich darin?
Die Dunkelheit inmitten des klirrenden Farbenspiels ruft in mir die Erinnerung an den fröhlichen Frühlingstag wach, dessen Hochstimmung sich mir in dem Moment verdunkelt, als mir in einer Unterhaltung auffällt, daß ich es wieder einmal mit der Wahrheit nicht so genau genommen habe.

2.2. Zweiter Ort

a) Was sehe ich?
Die silbergrünen, kleinen Flächen flattern mal dunkel scheinend, mal hell spiegelnd, schnell wechselnd, im Wind. Dazwischen scheint das Blau des Himmels durch. Links, etwas losgelöst vom Silbergrün, ist eine dunkelgrüne Fläche.

b) Welche Veränderungstendenz?
Das hellgrüne Flattern scheint sich auszubreiten, die dunkle Fläche sich zu verdichten, sich zusammenzuziehen.

c) Welche Empfindung?
Im Nebeneinander des Lichtspiels und der Dunkelheit empfinde ich Standhaftigkeit, Eigenständigkeit.

d) Finde ich mich darin?
Ich bin jetzt vertrauter mit der rätselvollen Dunkelheit: Immerhin habe ich meine Unehrlichkeit erkannt. Das kräftigt mich. Ich kenne meine Schwäche und bin zuversichtlich.

2.3. Dritter Ort

a) Was sehe ich?
Neben dem durchscheinenden Blau ist das tragende Gerüst von Stämmen, Ästen und Zweigen bemerkbar. Die jetzt etwas größeren, silbergrünen Farbflächen flattern etwas gemächlicher. Vor allem im oberen Bereich vereinen sie sich zu größeren Flächen, die zusammen einen konkaven Raum bilden. In diesen Raum „treten" wir allmählich ein.

b) Welche Veränderungstendenz?
Das Geäst mit dem Blattwerk scheint sich aufzurichten, auszudehnen und über mich zu neigen.

c) Welche Empfindung?
Ich empfinde weiträumige Großzügigkeit und gleichzeitig Geborgenheit.

d) Finde ich mich darin?
Der konkave Raum nimmt mich auf, und ich gehe bereitwillig hinein: Manchmal gelingt es mir, den anderen nach seinem Befinden zu fragen.

Die weiteren Bilder zeigen bewegende Veränderungen. Die erwähnte Dunkelheit entpuppt sich von der anderen Seite her gesehen als eine zu unserer anfänglichen Gehrichtung parallel verlaufende Reihe von Weiden am Ufer.

Die Besinnung dieser Betrachtung zeigt folgendes:
- Die Folge der Bilder, also die Bildverwandlung, birgt einen bestimmten Inhalt, eine bestimmte Aussage.
- Die Tragweite dieser Aussage hängt davon ab, welche Fragestellung der Betrachtung zugrunde liegt.
  Innerhalb der Fragestellung a) ist die Verwandlung von Bild 1 zu Bild 2 von harmloser Bedeutung: Die Dunkelheit wird vom helleren Bereich gesondert.
  Innerhalb der Fragestellung b) ist die Veränderung etwas dramatischer; die sich ausbreitende Tendenz der Dunkelheit wird umgewandelt in eine sich zusammenziehende, sich verdichtende.
  Bei c) bemerken wir einen vollständigen Stimmungswechsel von Unmut zu Starkmut. Und schließlich wird in d) sogar ein Schritt der Selbsterkenntnis möglich.
- Eine Einigung zwischen verschiedenen Betrachtern ist je nach Fragestellung unterschiedlich gut möglich. Unter a) ist eine Einigung betreffend der gemachten Beobachtung selbstverständlich, lediglich die Fülle wird bei gemeinsamer Betrachtung reicher.
  Bei b) können bereits Meinungsunterschiede auftreten.
  Bei c) kann höchstens eine Sammlung von unterschiedlichen Empfindungen erzielt werden.
  Schließlich macht unter d) jeder Betrachter eine nur für ihn gültige, individuelle Erfahrung, welche ausschließlich nur für ihn von biographischer Bedeutung ist.
  Während die Beobachtung unter der Fragestellung a) objektiv und *allgemeingültig* erscheint, ist sie unter d) subjektiv, jedoch für den Betrachter außerordentlich *verbindlich.* Die Pappel ist zu einer besonderen geworden, ein Stück Eigenes.

3. Elbuferwiesen

Eine Übung am zweiten Tag soll den Prozeß des Wahrnehmens noch weiter vertiefen, noch genauer werden lassen. Wir nehmen uns einen kleinen Uferabschnitt vor, den Pfad am Wasser von der Fähre am Kleinzschachwitzer Ufer elbaufwärts bis zum Beginn der Ufergehölze, und beobachten sowie beschreiben hier die sich von Schritt zu Schritt verändernden Bilder der Ufervegetation. Jeder Teilnehmer wählt schließlich eine Pflanze seiner Sympathie, die er zum vereinbarten Treffpunkt mitnimmt. Wir setzen uns im Kreis und jeder reicht seine Pflanze dem Nachbarn. Einer beginnt, die so erhaltene Pflanze zu beschreiben, während alle anderen die Augen schließen und versuchen, sich diese Pflanze vorzustellen. Später wird die in der Vorstellung aufgebaute Pflanze noch gezeichnet, und zwar wieder mit geschlossenen Augen.

Das Ergebnis der verschiedenen Zeichnungen ist erstaunlich: die komplexe Erscheinung der lebenden Pflanze ist reduziert auf das Typische, Charakteristische dieser Pflanze, das in allen Zeichnungen überzeugend zum Ausdruck gebracht ist. Die in der konzentrierten Vorstellung verinnerlichte Wahrnehmung ermöglicht eine Darstellung, die, obwohl nicht minutiös genau, doch in besonderer Weise treffend ist.

Eine interessante Erfahrung im Nebeneffekt ist die, wie sich während der Wahrnehmungsübung die Einstellung zum Objekt verändert: Zunächst wird ausdrücklich eine „sympathische" Pflanze gewählt. Durch das Weitergeben geschieht es nicht selten, daß man plötzlich eine „unsympathische" oder ganz „gleichgültige" Pflanze in Händen hält. Dies wird bewußt erlebt. Jetzt soll aber diese mir fremde Pflanze so beschrieben werden, daß all die „Blinden" eine deutliche Vorstellung davon entwickeln können. Das erfordert sowohl systematisches Vorgehen bei der Wiedergabe eines so komplexen Eindrucks als auch Sorgfalt in der Beschreibung aller Details. Ich muß mich, um das zu leisten, schon etwas mehr auf diese Pflanze einlassen, als ich es aus eigenem Antrieb getan hätte. Und indem ich das tue, verliert die anfangs deutlich erlebte Gefühlseinstellung zu diesem Objekt ihre Gültigkeit. Die „unsympathische" Assoziation ist einem offenen, bejahenden Interesse gewichen.

4. Talfahrt

Als Gegensatz zum Vortag unternehmen wir am dritten Tag eine Dampferfahrt durch das Elbtal von Pillnitz bis zur Brühlschen Terrasse. Jede kleine Biegung der Elbe erzeugt, vom Vorderdeck aus schauend, eine drastische Bildveränderung. Die Bildfolge vollzieht sich rasant, was hier nicht in allen Details, sondern nur in der Zusammenschau beschrieben werden kann.

Während der gesamten Fahrt stehen wir zwischen den Gegensätzen von Prall- und Gleithang. Wiederholt kommt uns ein Prallhang entgegen, der erst kurz vor dem Zusammenstoß mal rechts mal links ausweicht, um dem nächsten Platz zu machen. Der Gleithang schmiegt sich immer an uns vorbei. Während prallhangseitig die Gebäude nah am Wasser stehen (Laubegast, Wachwitz, Elbschlösser, Brühlsche Terrasse), halten sie gleithangseitig gebührenden Abstand zu den Elbuferwiesen. So gegensätzlich die beiden Uferseiten sind, so innig bilden sie gemeinsam den charakteristischen Eindruck des Dresdner Elbufers.

Nach der Fahrt begeben wir uns an zwei verschiedene Plätze unterhalb der Marienbrücke, um die Gegensätze der beiden Uferseiten aus der Nähe zu untersuchen. In zwei Gruppen versuchen wir jeweils für den Standort typische Zeichnungen zu erstellen. Allein schon der Vergleich der von den Teilnehmern „instinktiv" gewählten Zeichentechniken gibt Auskunft über die Stimmungsqualität, die an den Orten lebt:

• Der Prallhang auf der Altstädter Seite: der Boden ist steinig, trocken, die Vegetation dürr, holzig, ziseliert, fein und differenziert. Die Darstellungsart ist strichartig, die Dunkelheiten sind in den Schatten oder an den Stämmen und Zweigen, da wo Stoff verdichtet ist. Das Besondere lebt im „Dazwischen", in den durch die markanten Pflanzengestalten definierten Räumen.

• Der Gleithang auf der Neustädter Seite: Die Vegetation ist mastig, breitflächig, blättrig. Die Darstellungsart ist eher flächig, die Dunkelheiten um-schließen – und bilden damit – hellere Flächen, Blattflächen, auf denen sich das Licht spiegelt. Das Besondere lebt in der Fläche.

Die Polarität der beiden Uferseiten zwischen hart und weich, bebaut und offen, trocken und feucht, dürr und mastig, aufragend, felsig und flach ausgebreitet, sonnig und verschattet, die im Fortgang ständig die Positionen wechselt, wurde uns hier zum besonderen Erlebnis: wie eins das andere bedingt, das Gegenüber immer auch die Antithese ist; und wie jedes seine spezifischen Möglichkeiten der Gestaltung und Nutzung durch den Menschen mitbringt, die in dieser Kulturlandschaft auch bereits ausgeprägt vor uns liegen.

5. Die Berthold-Haupt-Straße

Die Art der bisher gemachten Erfahrungen kann an jedem Gegenstand und jederzeit erzeugt werden. Es kommt lediglich darauf an, daß der Betrachter die notwendige Zuwendung und Sorgfalt zur äußeren und inneren „Erscheinung" aufbringt. Das schließt ein, daß die Wahrnehmung sich nicht nur statisch auf das betrachtete Objekt richtet, sondern auch die zeitliche Dimension des sich bewegenden, seinen Standpunkt zum Objekt verändernden Betrachters mit einbezieht.

Jeden Moment stehen wir ja innerhalb eines zeitliches Geschehens. Wir betrachten, besinnen uns oder sind unterwegs. Die räumlichen Objekte stehen an ihrem Platz, der Betrachter aber sammelt eine Fülle von verschiedenen Eindrücken, indem er sich nähert, ankommt, verweilt, weitergeht. Jeden Augenblick verschieben sich die Perspektiven, die Bildausschnitte, die Raumerfahrungen, die Farbeindrücke. Es findet ein Ereignis statt!

Da wir nun hier zum Beispiel die Charakteristik einer bestimmten Ufersituation erfassen wollen, wird die Frage bedeutsam: Wie komme ich an diesen Ort, welche Folge von Eindrücken führt mich dahin? In welcher Folge treten diese Eindrücke auf und was bedeutet diese bestimmte Bilderfolge für meine Gesamterfahrung? Und daran könnte sich die weiterführende Frage anschließen: Wie könnte diese bestimmte, immer vorhandene Folge von Eindrücken Grundlage für meine gestalterischen Eingriffe werden?

In einer Übung, die mit der Pappel-Betrachtung vom Anfang zu vergleichen ist, nähern wir uns über die Berthold-Haupt-Straße der Pillnitzer Elbfähre, betrachten den letzten Abschnitt der Straße von der Einmündung der Kyawstraße bis zur Elbaue, wobei vorerst nur die Fragestellung a) und b) in Betracht gezogen werden soll, also „Was sehe ich?" und „Wie verändert sich das Bild?"

1. Zunächst bestimmt eine eindrucksvolle Allee das Bild: hinter uns als Kastanienallee gerade, einheitlich und geschlossen wirkend, wird sie vor uns uneinheitlicher und lückenhaft und führt nach links aus der geraden Fluchtlinie heraus. Am Standort selbst wirkt sie durch den großen Einmündungsbereich der kleinen Nebenstraße aufgerissen.
2. Vor uns dieselbe Allee, jedoch sind auch andere Bäume vorhanden: Ahorn, Pappel, Weide. Auch sind teilweise Lücken zu bemerken. Am Fluchtpunkt, unweit von uns, verliert sich die Allee in eine leicht abfallende Linksbiegung.
3. Der Blick geradeaus ist unverändert. Links stehen anstelle eines fehlenden Baumes mannshohe Büsche, darüber öffnet sich die Fernsicht: ein mittelhoher, diagonal zu unserer Gehrichtung verlaufender, von uns sich entfernender Berghang mit markantem Fernsehturm. Rechts wird das Gesichtsfeld von Mauern und von den Bäumen aus den dahinterliegenden Gärten eingegrenzt.
4. Der Blick geradeaus ist nur wenig verändert. Lediglich ein Birkenwäldchen hinter einem romantischen Häuschen ist neu zu erkennen. Links ist wieder eine Baumlücke, die die Aussicht auch im unteren Bereich ermöglicht. Eine Wiese breitet sich aus, dann ein leichter Hang, auf dem eine Kapelle steht, und darüber der zuvor schon erwähnte Höhenzug.
5. Eine nächste Baumlücke linksseitig. Die Wiese weist eine geradlinige Bepflanzung parallel zum bereits beschriebenen Hang, also diagonal von uns sich entfernend, auf. Neben der Kapelle, ebenfalls in derselben Ausdehnung, steht eine Reihe von einzelnen Häusern.
6. Wieder eine Baumlücke links. Entlang der Buschreihe auf der Wiese ist ein schmaler Wasserstreifen zu sehen. Vor uns, ziemlich nahe, das Häuschen, dahinter die Birken.
7. An der Straßenbiegung angelangt, ist nun links der Blick durch eine Imbißbude und Gehölz völlig verstellt, während er sich rechts in den Auenraum öffnet.

8. Nach der Biegung verläuft die Straße abfallend zur sich vor uns ausbreitenden Elbe. Rechts, elbaufwärts, öffnet sich der Blick. Entlang des Ufers steht eine Reihe mittelgroßer Pappeln, weiter rechts dahinter ragen mächtige Baumgruppen in den Himmel. Mit zunehmender Entfernung verengt sich die räumliche Situation.

9. Der Blick elbabwärts ist jetzt ebenfalls offen. Was davor nach und nach dazukam, ist jetzt in dieser Zusammensetzung sichtbar. In zunehmender Entfernung weitet sich die räumliche Situation.

10. Unsere Aufmerksamkeit ist den beiden Fähren am Ende unserer Straße gewidmet. Links, an den mittelgroßen Pappeln vorbei, ist das Schloß Pillnitz zu sehen.

Die Allee hat also ihr Ende am Elbufer gefunden. Die Hinweise darauf traten uns in einer bestimmten Folge entgegen: erst die leicht abfallende Biegung, dann (in kleinen Bildausschnitten) in der Weite der gegenüberliegende Elbhang mit der Kirche (später mit weiteren Gebäuden), dann die weite Aue mit dem zunächst nur zu ahnenden Flußlauf linkerhand, dann die Öffnung der Aue mit dem Blick auf die Insel rechterhand, schließlich das ganze Panorama mit dem Blick auf das Schloß Pillnitz als dem eigentlichen Ziel dieser Straße. Jedes dieser Dinge kann von woanders aus auch gesehen werden, aber die Folge, wie sie nacheinander in Erscheinung treten, ist an diesem Ort einzigartig, ist für diesen Ort charakteristisch.

Für ein kurzes Stück ist das „Unterwegs-Sein" nicht bloß ein mühseliges Überwinden einer unliebsamen Distanz, das bloß Zeit kostet, sondern ist ein Ereignis geworden, in dem eine Begegnung mit der Besonderheit dieses Ortes stattgefunden hat.

6. Entwurf

Den letzten Tag widmen wir einem gemeinsamen Entwurf für den geschilderten Zugang zur Elbe von der Berthold-Haupt-Straße her. Jeder nimmt eine der beschriebenen Stellen zum Standpunkt und setzt sich jetzt mit einer anderen Fragestellung auseinander: Wie würde ich diese Situation, unter Berücksichtigung des Davor und Danach, gestalterisch verändern? Soll ein Eindruck verstärkt oder gemildert werden? Welche Bedeutung hat dieser Punkt für das Ganze, welche möchte ich ihm zuweisen?

Das Ergebnis ist eine Bildfolge, bei der sich von Bild zu Bild auch das Anliegen des Entwerfenden ändert. Ein Entwurf, der eine Reihe von echten Standpunktwechseln bringt.

Man stelle sich nun vor, ein Planer hätte diese Bildfolge gegenwärtig und käme zu dem Schluß, am Bild 6 sei es noch verfrüht, daß man den schmalen Wasserstreifen sieht. Er würde veranlassen, daß an der lückenhaften Stelle wieder ein Baum gepflanzt wird.

Ein anderer Planer hätte dagegen die unvollständige Allee im Blick und wollte diese vollenden. Auch dieser würde an der lückenhaften Stelle einen Baum pflanzen lassen.

Wo liegt nun der Unterschied? Letzterer hätte einen räumlichen Aspekt als Kriterium für seinen Entwurf. Der zu gestaltende Gegenstand befindet sich in diesem Fall im Raum.

Ersterer hat eine Folge von sich bedingenden Eindrücken als Leitmotiv für seinen Entwurf. Der zu gestaltende Gegenstand liegt im Zeitgeschehen. Der Gegenstand im Raum ist lediglich Anlaß, an dem die Zeitgestalt geschaffen werden kann.

Dieses Aneinanderreihen von Bildern, das von Eindruck-zu-Eindruck-Fortschreiten als Leitmotiv des Entwurfs ist nicht unproblematisch und wird hier noch verstärkt durch die unterschiedlichen Personen, die an der Bildfolge mitwirken. Soll damit die gestalterische Idee, also das vorgefaßte innere Bild dessen, was bewirkt werden soll, als Entwurfsgrundlage verlassen werden, um sich umso besser den sich wandelnden Eindrücken, dem Wechsel der Standpunkte überlassen zu können?

Ausblick

Ist die intensivierte Wahrnehmung von Bildern und Situationen einschließlich der bewußteren Wahrnehmung des darauf antwortenden Gefühls auch ein für den Umgang mit einer Gestaltungsaufgabe zu beachtender Gewinn? Kann sie etwa als eigene Gestaltungsidee ausreichen? Es bleibt eine Herausforderung, sich im praktizierenden Umgang mit der Methode den daraus entstehenden „beweglicheren" Gestaltungsideen zu öffnen.

Pappelwäldchen

Mathias Buess, Harald Wolf und Hans-Christian Zehnter

1. Einführung

„Pappelwäldchen" – das klingt gut, das klingt vielversprechend, ja geheimnisvoll, fast wie „Einst lebten in einem Pappelwäldchen...". Das klingt aber auch danach, als ob man es als Kenner von Dresden eben kennen müßte ... etwas mit Tradition, so wie der „Zwinger" oder auch das „Blaue Wunder". „Das Pappelwäldchen" – das klingt, als ob dieser Ort derart charakteristisch wäre, daß er einen Namen verdiente, der Titel eines spannenden Buches sein könnte. Was verbirgt sich nun *tatsächlich* hinter diesem „Pappelwäldchen"?

Tatsächlich ist den Teilnehmern der Übungsgruppe „Das Pappelwäldchen" zur Überschrift einer Geschichte geworden. Sie wird im folgenden zur Darstellung kommen:

Auf den ersten Blick ist dieses Pappelwäldchen in seinem jetzigen Zustand nicht gerade besonders attraktiv: Eine mit gut fünf Hektar recht kleine, nahezu rechteckige Anpflanzung von Pappeln, die im Begriff sind abzusterben, mitten in den Elbwiesen. Bodenwärts gerichtet trifft der Blick immer wieder auf wilde Müllansammlungen. Alles wirkt zunächst irgendwie unbeachtet, vernachlässigt. Fast will einem das Wort „häßlich" über die Lippen kommen, doch davor hält einen der Respekt vor dem Leben dieser „Natur" zurück (Was aber ist dieses Leben?). Dennoch: Es ist „wirklich" kein besonders schöner Fleck Erde. Was soll also der Aufwand, hier eine „Übungswoche für Landschaftsgestalter und Ökologen" durchzuführen? Schon gar nicht ist zu verstehen, daß sich um dieses „Pappelwäldchen" ein ebenso vielfältiger wie massiver Interessenkonflikt entzündet hat. Man glaubt es kaum, daß so ein „Wäldchen" so viele Gemüter erhitzt!? – Doch: Moment einmal: Warum ist das so? Vielleicht ist dieser Trubel als Phänomen genommen ja Anlaß genug, sich dem Ganzen doch einmal etwas näher zu widmen. Also:

Was ist hier los?

2. Was ist das „Pappelwäldchen"?

Variante 1: Das Pappelwäldchen liegt in einem Abstand von ca. hundert Metern im Überflutungsbereich parallel zur Elbe unterhalb des Ortsteiles Loschwitz, ist ca. 480 Meter lang und etwa 105 Meter breit. Auf der ursprünglich landwirtschaftlich genutzten Fläche wurden anfangs der 60er Jahre zu Versuchszwecken vom Graupaer Forstinstitut 100 Pappelsorten angepflanzt, die auf Wuchsleistung, Wuchsform, Stabilität gegen Umweltfaktoren und Schädlinge, Holzqualität u.a.m. erprobt werden sollten. Außerdem sind einige Baumweiden zur Erprobung gekommen. Für die heutige „Sächsische Landesanstalt für Forsten" bleibt die Fläche für die forstliche Forschung auch weiterhin von Interesse.

Variante 2: Das Pappelwäldchen wird heute von Menschen in verschiedensten Weisen genutzt: als Spielplatz, Mülldeponie, „Abkürzung", Abschnitt eines morgendlichen Spazierganges zum Ausführen des Hundes, Beobachtungsmöglichkeit von Pflanzen und Tieren.

Variante 3: Der Naturschützer würdigt vor allem den Sukzessionsprozeß: Im Antrag auf Unterschutzstellung des Pappelwäldchens im Status eines Flächen-Natur-Denkmales findet sich folgende Beschreibung: „Die zum Zweck der Pappelforschung entstandene Pflanzenformation wurde gegen Ende der sechziger Jahre nicht mehr intensiv genutzt. Nach und nach entwickelte sich eine den Standortverhältnissen entsprechende Kraut- und Strauchschicht. (...) Fast alle (...) Arten gelangten auf ornithochorischem Weg ins Gebiet (...). Die von den Vögeln selbst geschaffene Strauchschicht bestimmte auch deren Populations-effektivität, so daß es zu einer bemerkenswerten Mannigfaltigkeit gekommen ist".

Variante 4: Der Denkmalpfleger geht an den Beginn des 18. Jahrhunderts zurück und verweist auf das Wechselspiel der Bauten am Elbhang mit der Elblandschaft. Das Pappelwäldchen wird als empfindliche Störung dieser Landschaftsästhetik und insofern als elb-raumuntypisch charakterisiert, weil es die Blickbeziehung zwischen Elbhang und Elbstrom stört. Diesem Urteil schließt sich auch das Gutachten eines Landschaftsgestalters an.

Variante 5: „Eine Übungswoche für eine Arbeitsgruppe" ...

3. Was war das Ziel der Arbeitsgruppe „Pappelwäldchen"?

Ausschlaggebend für die Wahl des Pappelwäldchens als Beobachtungsort war die Frage nach dessen Pflege und Weiterentwicklung. Sie bildete jedoch im Konzept und in der Durchführung der Arbeitsgruppe nur den Hintergrund.

Unser vordergründiges Ziel war ein *methodisches:* nämlich in systematischer Weise übend einen Weg zu gehen, der es ermöglicht, die *Qualität* dieses Lebensraumes zu erfassen und in verständlicher Form vermittelbar zu machen. Dies ist Voraussetzung, um für die Weiterentwicklung und die Pflege bewußte und wegleitende Gesichtspunkte finden zu können. Ein zweites Ziel ergab sich aus dem Orte selbst: Da die Beschaffenheit des Ortes offenbar wesentlich durch die Anwesenheit und die mitgestaltende Tätigkeit der Vögel geprägt ist, wurde neben den landschafts- und vegetationskundlichen Studien besonderes Gewicht auf die Tierbeobachtung gelegt. Im folgenden werden die im Lauf der Tage vollzogenen Schritte dargestellt. Ein in methodischer Hinsicht wertvolles – wenn auch zeitintensives – Element bestand darin, am Ende eines jeden Nachmittags die während des Beobachtens gemachten Erfahrungen in eine schriftliche und/oder zeichnerische Form umzusetzen.

4. Die Arbeit vor Ort

4.1. Erster Nachmittag

4.1.1. Das Pappelwäldchen in der Gesamtlandschaft – Blicke von außen
Aufgabe:
Beobachten und Beschreiben der Beziehungen, welche das Pappelwäldchen – von außen gesehen und erlebt – zur Gesamtlandschaft und zur unmittelbaren Umgebung zeigt.

Beobachtet wurde von drei Standorten aus: von der Schwebebahnstation auf der Loschwitzer Höhe, von der Calberlastraße in mittlerer Höhe des Elbhangs und vom Spazierweg in den Elbuferwiesen. Am ersten Ort wurde nur beschrieben, am zweiten nur skizziert, am dritten wurden eine sehr schnelle Skizze angefertigt und die Eindrücke miteinander ausgetauscht. Jede Station lieferte neue Aspekte. Insgesamt fand räumlich eine Annäherung statt, wir standen aber immer außerhalb des Wäldchens.

Loschwitzer Höhe:
Neben vielen anderen z.Zt. in üppigem Grün stehenden Baum-/ Park-/ Waldbeständen in näherer und weiterer Entfernung zeigt sich das Pappelwäldchen als längsgestreckter Waldstreifen inmitten der geräuschvollen Stadtlandschaft des Elbtalbeckens. Die Längsform erstreckt sich parallel zum Fluß, die beiden Schmalseiten (Südost und Nordwest) enden abrupt, wie abgeschnitten; die uns zugewandte Nordostseite grenzt übergangslos an Besiedlung an. Der Wald wirkt als „Block", „Fremdkörper", aber doch „ursprünglich, einheitlich". Das Kronendach erscheint nicht dicht abgeschlossen oder wölbig wie bei anderen Baumgruppen; es hat etwas „inhomogenes"; das Laubkleid „glitzert wie eine gekräuselte Wasseroberfläche".

Calberlastraße:
Das Wäldchen prägt jetzt den Bildinhalt schon viel stärker. Der Übergang vom Wald zum angrenzenden Brachland fällt am meisten ins Auge. Lianenhafte Gewächse (Clematis, Boxdorn) bilden stellenweise einen urwaldartigen Vorhang. Urwüchsige, verwunschene Stimmung! Vereinzelt fallen jedoch auch die Astgerippe oben abgestorbener Pappeln auf.

Spazierweg Elbwiese:
Im Vordergrund breitet sich weites, saftstrotzend grünes Grasland aus, auf dem Pferde weiden. Der daran anschließende Pappelwald verdeckt die Zivilisation auf der Nordseite. Der Beobachter ist unerwartet in eine ländliche, weite Fluß-Natur-Wanderlandschaft versetzt, in welcher das Wäldchen ein ganz unauffälliges, selbstverständliches, d.h. integriertes Hintergrundelement darstellt.

4.1.2. Beobachtungsaufgaben zur Verstärkung der sinnlichen Erfahrung des Ortes

Hörübung (im Vergleich zum Sehen):

Zum Einstieg machen wir uns bewußt, *wo und in welchem Zeitpunkt* wir uns *aktuell* befinden: „Sonntag, 11. September, Dresden, auf einem Spazierweg durch eine Uferwiese rechtsseitig der Elbe, Wahlsonntag im Bundesland Sachsen, Spätsommer, es ist frisch, Himmel teilweise bewölkt, ich stehe in einer Gruppe von Kursteilnehmern ..."

Augen schließen! Was hören wir?

Aufgabe:
Nicht Dinge aufzählen, sondern Geräuschqualitäten beschreiben! Auf Distanzangaben verzichten, dafür Klangqualitäten unterscheiden! Richtungen von Geräuschquellen nicht mit dem Finger deuten („dort", „da hinten"), sondern sie im Verhältnis zu anderen Quellen beschreiben!

„Ein konstantes, jedoch unregelmäßig etwas an- und wieder abschwellendes, nicht lautes, eher tiefes, brummiges Dröhnen im Horizont des Hörbildes; vereinzelte, aber aus deutlichen Punkten entspringende, ganz helle, kurze, konturierte, piepsende Töne, die im Verhältnis zum Rauschen viel lauter, aber keineswegs durchdringend sind und räumlich höher und näher liegen; durchgehendes, auch nicht lautes raschelndes Rauschen wie von einer weiten Wand ausgehend; ...“

Augen öffnen!

Wir vergleichen die Qualität des zu Hörenden mit der Qualität des Sichtbaren. „In den Geräuschen und Tönen bin ich unmittelbar drin. Das Gesehene ist mehr etwas, das mir gegenübersteht.“ „Das Gesehene ist viel reichhaltiger, viel differenzierter, es hat viel mehr Formen.“ „Mit den Geräuschen kann ich tiefer in den Raum hineindringen, der Ort erhält Tiefe, ich höre auch hinter die Dinge.“ „Die Elbe, die Pferde waren beim Hören gar nicht vorhanden. Optisch prägen sie aber das Bild, auch die fernen Landschaftselemente erlebe ich nur sehend.“

Gehübung mit geschlossenen Augen (Bewegen, Tasten, Riechen):

Aufgabe:
Paarweise führen wir uns gegenseitig in das Wäldchen hinein. Einer führt, der andere ist „blind“. Nur der Blinde darf über Eindrücke sprechen. Der Führende gibt nur Handlungsanweisungen oder stellt Fragen. Er bietet möglichst reichhaltige Tast- und Riecherlebnisse an. Dreimal darf der Blinde nach Anweisung des Führenden für eine halbe Sekunde die Augen öffnen (gleichsam drei Fotos).

Der Ort wird auf diese Weise zunächst vor allem tastend und als überraschender Widerstand erfahren. Der Blinde erwartet immer, an etwas anderem anzustoßen. Das Relief wird intensiv wahrgenommen. Man geht sehr langsam und vorsichtig, dennoch auch oft stolpernd. Feucht-trocken, kalt-warm, rauh-glatt, hart-weich werden einprägsam erlebt. Die „Fotos“ vermitteln überraschende Bilder, die die zuvor gemachte Vorstellung korrigieren. Die kurze „Belichtungszeit“ wirkt zwar als Einzeleindruck stark, zu einer Orientierung reicht sie aber nicht.

Wir machen Erfahrungen mit einer ganzen Reihe von starken Sinneseindrücken der unterschiedlichsten Art, die aber alle für sich nebeneinanderstehen. „Dichtes, dorniges Gestrüpp“, „kahle, unbedeckte Zwischenräume unter Bäumen“, „efeuartige Bedeckung des Bodens neben Sträuchern“ und andere Zonen können wir zwar unterscheiden, es ergibt sich aber noch kein Gesamtbild, keine „Wahrnehmung“ des durchschrittenen Raumes. Im Gegenteil: die starke Beschäftigung mit sich selbst und mit dem unmittelbar Berührten verhindert die Aufmerksamkeit auf das räumlich und zeitlich Entfernte – bereits das Hörbare wird beispielsweise kaum noch beachtet. *Die intensive Sinneswahrnehmung bedarf offenbar einer Erweiterung, wenn es darum geht, eine Gesamtheit, d.h. einen Ort, zu erfassen.*

Farbübung:

Aufgabe:
In kurzer Zeit sammeln wir Gegenstände unter dem Aspekt der Farbe. Es soll ein möglichst breites Spektrum an Farbtönen zusammenkommen. Keine synthetischen Stoffe, nur Naturobjekte. – Die Farben nach Ähnlichkeiten und Übergängen ordnen.

Es kommt eine überraschend reiche Palette zusammen, mit Farben von Blättern, Früchten, Holzstücken, Rinden, Erde, Tierkot ... Die Grüntöne sind besonders nuancenreich, doch finden sich über Gelb, Orange, Rot, Violett, Blau erstaunlich viele „reine" Farben. Auch erdfarbene Töne, Braunes, gibt es in allen Abstufungen. Auffallend sind die sich intensiv kontrastierenden Weiß- und Schwarztöne.

Die Farbübung stellt einen Ausgleich zum blinden Tasten und Gehen dar. Bereits mit einem einzelnen Sinn, dem Sehsinn, kann ein großer Reichtum an Qualitäten erfahren (ertastet!) werden, ohne auf Gegenstandsbezeichnungen eingehen zu müssen. – Interessant wäre die Betrachtung gewesen, wie ein Farbton (Rot) im Verhältnis zu einem andern (Grün) unterschiedliche Empfindungen bewirken kann, insbesondere aber auch in Verbindung mit dem Gegenstand: rotes Blatt – grünes Blatt; weiße Blüte, weißes, ausgeblichenes Holzstück, weißes Pilzgeflecht auf Rinde. *Farbe ist Bedeutung, nicht nur Oberflächenreflexion.*

Die Sensibilisierung des Farbsinnes ist eine weitere Vorbereitung für das aufmerksame Erfassen des Ortes. Um die Bedeutung von Einzelsinnesqualitäten *sinnvoll* zu vergeben, bedarf es jedoch der Arbeit am Gesamtbild des Ortes – wozu die weiteren Schritte verhelfen sollten – so auch die Besinnung und Umsetzung des am Nachmittag Erlebten.

4.2. Zweiter Nachmittag

4.2.1. Die Gliederung des Wäldchens in Räume und Zonen unter dem Aspekt der Vegetationsstruktur – Blicke von innen

Aufgabe:
Erstellen eines Planes vom Waldinneren aufgrund einer flächendeckenden Bestandsaufnahme der durch die Vegetation unterschiedlich geprägten Räume und Flächen.

Als Wahrnehmungswerkzeuge für die Aufnahme sollten folgende Fragen eine Hilfestellung bieten und berücksichtigt werden:

1. Welche Wuchs- und Blattformen (= Arten) gibt es in welcher Verteilung?
2. Wo und in welcher Art gibt es lockere, offene – oder dichte, geschlossene Stellen?
3. Wo und in welcher Art zeigt sich neues, aufkeimendes – oder überlebtes, ausklingendes Wachstum?
4. Wo erlebe ich besonders Stimmungsvolles und wo nicht?

Die Waldfläche wurde in vier Beobachtungsbereiche geteilt und gruppenweise bearbeitet. Für die Aufgabe stand nur eine Stunde Zeit zur Verfügung, was ein entsprechend rasches und großzügiges Vorgehen erforderte. Es entstanden vier grobe Planskizzen, die zusammengehängt eine Übersicht über die Vegetation und über die Zonierung in unterschiedliche Erlebnisräume ergaben.

Trotz der knappen Zeit war es möglich, folgende Eindrücke zur Artenzusammensetzung zusammenzutragen: [folgender Text als Erläuterung zum Plan]

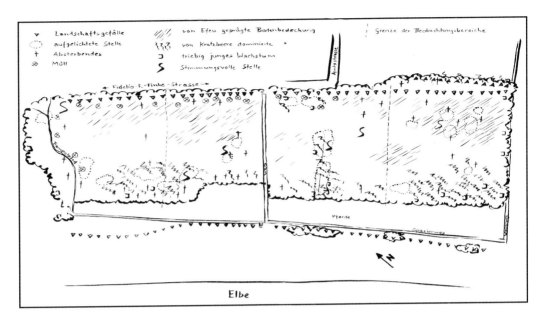

Das „Gerüst" des Waldes bilden die verschiedenen, einst in Reih und Glied gepflanzten *Pappeln*. Großblättrige, sich im Wind ruhiger bewegende Arten lassen sich von zitterpappel-ähnlichen, geräuschvolleren leicht unterscheiden (eine genaue Bestimmung wurde nicht vorgenommen). Was im Waldinneren die Begegnung mit den Pappeln prägt, sind die oft eindrücklich dicken Stämme mit ihrer eichenhaft tief gefurchten Rinde. Die Kronenpartien werden vom Gebüsch und vom Laubwerk anderer Baumarten verdeckt. Wo immer man aber bis zuoberst durchblicken kann, fällt auf, wie schütter die Belaubung ist bzw. wie reich an toten Ästen die Wipfel sehr vieler Pappeln sind. Einen ebenso absterbenden Eindruck macht das Band von etwas weniger hoch gewachsenen Weiden, welches anstelle von Pappeln am Südwestrand des Wäldchens nachgepflanzt wurde.

Spitzahorn und ganz vereinzelt die Birke sind die einzigen Baumarten, die gegenwärtig schon in den von den Pappeln beherrschten obersten Kronenbereich vordringen. Die ganze übrige Vegetation wird von Mittel-, Strauch- und Krautschicht gebildet. Die Etagen der Mittel- und der Strauchschicht sind am artenreichsten. Esche, Eberesche, Eiche, Hainbuche, Berg-, Spitz- und Feldahorn, Linde, Kirsche, Apfel, Birke, Walnuß – alles Bäume in jugendlichem Alter – sind dort regelmäßig anzutreffen, in gehäufter Zahl vor allem entlang des Waldrandes. An der Nordecke kommen Robinien dazu, deren föhrenartige Schirmgestalt auffällig kontrastiert zu der steifen Wuchsform der Pappeln.

An Sträuchern sind zu nennen: Holunder, Traubenkirsche, Hasel, Liguster, gewöhnlicher Schneeball, Weißdorn, Kratzbeere, Himbeere, Brombeere, Heckenkirsche.

Wo Bodenbewuchs vorhanden ist, bilden nur zwei Arten, aber dafür jeweils flächendeckend, den Bestand: Efeu im einen Fall, Kratzbeere im anderen. Vereinzelt sind dazwischen zu finden: Farne, Nelkwurz, Scharbockskraut, Brennessel, Hexenkraut und andere Feuchtigkeit und nährstoffreiche Böden bevorzugende, von uns leider nicht im Detail registrierte Arten.

Eine bemerkenswerte Erfahrung war die intensive äußere Aktivität, die nötig war, um die gestellte Aufgabe zu erfüllen. Wer sich eine – bis in die konkrete Form eines Planes hinein umsetzbare – Übersicht über den Innenraum des Wäldchens und dessen Vegetationsstruktur verschaffen will, muß sich wirklich durch den Ort hindurchbewegen, die Fläche abschreiten, auch immer die Dimension der Höhe mit ins Auge fassen. Die Vegetation kommt nicht von selbst auf uns zu. Wir müssen selbst aktiv sein, um Arten, Vegetationsdichte, Altersstufen, Raumgliederung und struktur oder auch Stimmungen wahrnehmen und aufzeichnen zu können. Um bei der ruhelosen Geschäftigkeit nicht in einseitige Blickhaltungen zu verfallen (z.B. nur Auflisten von Arten ohne weitere Qualität), war es hilfreich, sich an den verschieden ausgerichteten Fragen zu orientieren.

4.2.2. Charakterisieren ausgewählter Waldstellen aufgrund einer erlebten Stimmung

In einer nächsten Aufgabe ging es darum, sich auf eine Waldstelle näher einzulas-sen, die bei der Bestandsaufnahme als markant/stimmungsvoll erlebt wurde.

Aufgabe:
Skizzieren und beschreiben der besonderen Qualität dieses Ortes. Grundlage dazu bildet wiederum die Beantwortung der vier oben gestellten Fragen: 1) Artenzusammensetzung, 2) Raumstruktur, 3) Entwicklungssituation, 4) Stimmungs-elemente.

4.3. Dritter Nachmittag

4.3.1. Einführung in die Tierbeobachtung

Obwohl die Erfahrungen des ersten und zweiten Nachmittages erst ein anfängliches Bild von der Beschaffenheit des Pappelwäldchens lieferten, begaben wir uns an einen nächsten, methodisch neuen Schritt: die Suche nach dem „Pappelwaldtierwesen".

Unsere Aufmerksamkeit richtete sich auf Vögel – nicht nur wegen ihrer vom Naturschutz hervorgehobenen Bedeutung für den Ort, sondern auch, weil sie für den Einstieg in die Tierbeobachtung geeignete und relativ ergiebige Beobachtungsob-jekte darstellen (ebenfalls geeignet, jedoch sehr rar im Auftreten waren Eichhörnchen und Fuchs). Der Vorteil bei Vögeln liegt darin, daß mit ihrem Vorhandensein, sogar mit einer gewissen Individuen- und Artenvielfalt, gerechnet werden darf und daß sie viel stärker als andere Tiere auch akustisch wahrnehmbar sind. Der Jahreszeitpunkt erwies sich jedoch gerade in dieser Hinsicht als Herausforderung. Der Singtrieb im September ist nicht sehr aktiv; wer nicht speziell auf Vögel achtet, wird von ihrem Dasein kaum etwas ahnen.

Aufgabe:
Wiederum werden dem Beobachten einige Betrachtungsaspekte zugrunde gelegt:
1a.   Sich mit dem Tier ganz identifizieren, „sich einfühlen": Bin ich hineingeschlüpft?
1b.   Das Tier in seinem „Selbstgenuß" belauschen: Wo und wie erlebt, ja „genießt" sich der Vogel?
2.   Auf die Intention (die Gerichtetheit) des Verhaltens achten: Wozu macht der Vogel eine Bewegung, was will er?
3.   Gestalt, Gestaltänderung: Welche Gestalt hat der Vogel? Wie gestaltet er seine Laute? Wie wechselt die Gestalt im Verlauf seines Verhaltens?

4.3.2. Die Tierbeobachtung im Vergleich zur Vegetationsuntersuchung

Auch wenn die Auseinandersetzung mit Landschaft für alle Teilnehmer zum beruflichen Alltag gehört, so war doch das hier geübte sich Einlassen auf Tiere etwas sehr Ungewohntes. Man muß vollständig davon Abstand nehmen, daß Vögel auf gleiche Weise, d.h. mit gleicher Einstellung oder mit demselben Anspruch, studiert werden könnten wie etwa eine Pflanzengemeinschaft am selben Ort. Für den Pflanzensoziologen ist die Arbeit gut gemacht, wenn er sich eine lückenlose Übersicht über Anzahl, Zusammensetzung, Verteilung, Entwicklung der in seinen Gebieten anwesenden Objekte verschafft hat. Dazu muß er – wie oben schon erwähnt –

äußerlich aktiv sein. Vollständigkeit und Vertiefung erreicht er, indem er gründlich und mit Fleiß auf die Pflanzen zugeht. Sie kommen ihm nicht von selbst entgegen, allerdings rennen sie ihm auch nicht davon (bzw. ihr Entschwinden, Verwelken, Verblühen geschieht langsam). Beim Studium von Tieren, deren In-Erscheinung-Treten sehr häufig von flüchtig-kurzer Augenblicksdauer ist, sind Gründlichkeit, Vertiefung, Vollständigkeit mit einer ganz anderen Voraussetzung verbunden. Ein zentrales Prinzip lautet hier so: *Jede noch so kurze, flüchtige Wahrnehmung zählt und besitzt vollgültige Aussagekraft.*

Die Anstrengung und der Fleiß gehen dahin, erstens innere Wachheit und konzentrierte Anwesenheit zu entwickeln für die Momente, in denen eine Wahrnehmung realisiert wird, zweitens die Erinnerungsfähigkeit ernst zu nehmen und mit ihrer Hilfe das oft fast traumhaft kurz Beobachtete festzuhalten und den erfahrenen Erscheinungsreichtum auszuschöpfen.

Als Tierbeobachter im Pappelwäldchen an einem Septembernachmittag muß man damit fertig werden, daß bei einer Beobachtungszeit von 30 Minuten nur gerade während fünf Sekunden eine sinnlich wahrnehmbare Vogelbegegnung stattfindet. Daß das *nicht* wenig oder gar nichts ist, kann ein Blick auf das Feld der Bedingungen zeigen, in die diese fünf Sekunden eingebettet sind, nämlich auf die Art unseres eigenen Verhaltens. Als Vogelbeobachter wären wir selbst am liebsten Luft – unsichtbar, geräuschlos. Entsprechend bewegt man sich durch das Gebüsch bzw. bewegt sich möglichst nicht, sondern sucht sich einen Platz, steht oder sitzt still und lauscht. Jedes fallende Blättchen irgendwo in einem Winkel des Blickfeldes jagt einem einen hoffnungsfrohen Schrecken ein. Und doch: Wieder kein Tier! Die Geräusche haben wieder volle Bedeutung, gestern hat man sie kaum beobachtet. Man ist ganz Ohr. – Nach langen Minuten der äußeren Ereignislosigkeit entschließt man sich vielleicht aufgrund eines in einer bestimmten Richtung gehörten „verdächtigen" Geräusches zu einer kleinen, möglichst unauffälligen Ortsveränderung. Und allmählich wird deutlich: Auch wenn ich die ganze Zeit keinem einzigen Tier begegne, so ist die Landschaft jetzt doch ganz Tier. – Plötzlich! ... und schon ist es wieder vorbei. Man hat einen Vogel gesehen! Jetzt gilt es zu besinnen: Woher ist er gekommen, wo und wie bewegte er sich, wohin entflog er, wie groß war er, gab es Farben, waren Töne zu hören usw.? Erstaunlicherweise läßt sich über diese kurze Begegnung später ein ganzer Bericht schreiben.

In der Nachbereitungsstunde war Gelegenheit, durch Informationen aus der Sachliteratur das Bild des kurz gesehenen Vogels zu erweitern. Ein gewisser Abschluß lag darin, das Erlebte in einen kurzen sprachlichen, eventuell poetischen Ausdruck (zu einem japanischen Haiku) zu verdichten:

... Der Gartenbaumläufer
(Certhia brachydactyla)

4.4. Vierter Nachmittag: Das Pappelwäldchen unter dem Aspekt der Tier-erfahrung

Aufgabe:
Die stimmungsvolle Stelle des zweiten Nachmittages aufsuchen und eine Vogelbeobachtung wie am Vortag durchführen, diesmal aber mit stärkerer Berücksichtigung des Landschaftsortes. Folgende Gesichtspunkte sollten dabei beachtet werden:

1. Worauf macht das Tier aufmerksam, was früher auch bereits bemerkt wurde, aber durch das Tier deutlicher wird? (Blickrichtung der Anpassung des Tieres an die Landschaft)
2. Auf welche neuen, vorher nicht wahrgenommenen und nicht wahrnehmbaren Bezüge werden wir durch das Tier aufmerksam gemacht? (Z.B. Luft, Raumbildungen durch die Vegetation)
3. Vorher – Nachher: Wie ändert sich das Bild der Landschaft, wenn ein Tier darin auftritt? (Blickrichtung auf die Landschaft als Tier – nicht nur als Vegetation)
Umsetzen des Erfahrenen in eine schriftliche und/oder bildliche Darstellung.

Spätestens bei Punkt drei. kann einem aufleuchten, daß man wieder in eine unmittelbar landschaftsgestalterische Dimension eingetreten ist. Denn welche Konsequenzen liegen im Gedanken, daß die Landschaft „Pappelwäldchen" mehr ist als nur ihre Vegetation und daß dem Tieraspekt eine ernsthafte Bedeutung geschenkt werden kann? Das Tier, der Vogel wäre dann nicht nur Gast in einem großen, bildbestimmenden Raum, nicht nur spezieller, aber vielleicht überflüssiger Akzent in einer primär durch die Vegetation geprägten Stimmung. Ja, es müßte sogar der Gedanke möglich sein, daß nicht selbstverständlich das Tier das Vorhandensein der Vegetation voraussetzt, also von der Vegetation und der mineralischen Konstitution als dem ihm Übergeordneten abhängt, sondern umgekehrt: Das Tier ist die Voraussetzung für das Erscheinen der Landschaft, der Pflanzen, der geologischen Konstitution! Wie so etwas? An folgendem Beispiel wurde das klar:

Ein Brombeerbusch. Er ist da, wächst, bildet Blätter, Dornen etc. Auf das Vorhandensein von Tieren scheint er nicht angewiesen (abgesehen davon, daß sein Same vermutlich einst durch ein Tier herbefördert wurde). Indem ich mich auf die Beobachtung von Vögeln einlasse, mich auf Vogelerwartung einstelle, mich mit dem Vogel identifiziere ... und dann miterlebe, wie einer durch den Brombeerbusch durchhuscht und -hüpft, erfährt dieser Busch plötzlich eine Verwandlung. Seine Wirklichkeit ist nicht mehr nur eine organisch gewachsene, eine gewisse Raumstruktur bildende Pflanze, sondern ein vom Durchhuschtsein eines Tieres Erfülltes! Durch die Berührung mit dem Tier bzw. mit dem Tierblick ist die Brombeere mehr, ist reicher, ist Lebensraum, ist „Tier" geworden. Damit die Brombeere diese gesteigerte Wirklichkeit erhält, die über das bloße, äußere, Bilder schaffende Pflanzliche hinausgeht und jetzt Durchsichtigkeit für tierrelevante Qualitäten innehat, ist der Vogel also Voraussetzung! Nicht umgekehrt. Das Tier (das miterlebende Bewußtsein vom Tier) macht die Brombeere ganz. Sie setzt das Tier voraus.

Dasselbe gilt natürlich für das ganze Pappelwäldchen: Mit dem Bewußtsein der in ihm wohnenden Tierwelt wird es zu etwas anderem, als wenn man es nur zählenderweise auf Artenvielfalt hin anschaut oder – etwas mehr organisch einlebend – mit Blick auf Entwicklungsdynamik (Zerfall und Nachwuchs) betrachtet. Es wird von Tierwesen durchdrungener, *irgendwie* seelisch ergriffener (Lebens-)Raum.

Das „irgendwie" ist bewußt gesagt, weil zutreffend und folgenschwer. Die wenigen Gehversuche im Tierbeobachten (nicht nur „Tierbestimmen" ist gemeint) genügen, um zu erfahren, daß es viel Arbeit bräuchte, um die Qualitäten dieses Seelischen sicher und präzis zu beurteilen. Man hat Neuland betreten, der Fuchs, das Eichhörnchen, die Meise, der Baumläufer, der Eichelhäher sind offene Welten, man hat Respekt, ist aber orientierungslos, und es entsteht vorerst eine Scheu, am vorgefundenen Zustand etwas zu ändern.

4.5. Fünfter Tag: Thesen zur Weiterentwicklung und Pflege des Pappelwäldchens

Wie anfangs erwähnt, ließen wir die Frage nach der Gestaltung im Hintergrund. Trotzdem tauchte sie selbstverständlich immer wieder auf, wurde unterwegs oft diskutiert und führte am Schluß der Woche zu einem längeren Arbeitsgruppengespräch, dessen wesentliche Inhalte hier thesenhaft angeführt werden sollen:

1. Wie auch immer das Pappelwäldchen in Zukunft gepflegt oder umgestaltet wird: Es enthält so viele originelle Werte der Lebens- und Erlebensvielfalt, so viele in der heutigen Zeit aussterbende Möglichkeiten der Begegnung mit Natur, aber auch Möglichkeiten zu Weiterentwicklungen, die an den gegenwärtig herangewachsenen Zustand anschließen, daß dieser Raum zwar nicht materiell, jedoch kulturell, umweltpädagogisch und ökologisch *gewinnbringend vor Überbauung und anderen radikalen Zweckänderungen* bewahrt bleiben sollte.

2. Für eine gewinnbringende Weiterentwicklung ist es unerläßlich, daß *Menschen* vor Ort für dieses Stück Landschaft und für die in ihm liegenden Lebensqualitäten Interesse entwickeln. Nur durch Interesse und Bereitschaft, verantwortungsvoll das sich hier natürlich entfaltende Leben zu begleiten und nötige Maßnahmen auszuführen, entsteht echter und nachhaltiger Wert.

3. Wer für den Ort Interesse entwickelt, bestimmt auch, welche Intentionen, welche „Interessen" sich durchsetzen und verwirklichen. *Sich auf „Objektivitäten" berufen zu wollen verhindert Verantwortungs- und Interessenbildung.*

- Es sind Interessen denkbar, die dahin gehen, den Menschen möglichst vom Wald fernzuhalten und die Naturprozesse ganz sich selbst zu überlassen.
- Andere Interessen werden aus dem Wäldchen einen Spiel- und Abenteuerplatz für Kinder machen wollen, vielleicht kombiniert mit einem Lehr- und Erlebnispfad für die Schüler des nahen Schulhauses.
- Sehr unbewußte und wohl allgemein ungewollte Interessen machen Teile des Gebietes zu einer Müllentsorgungsstätte. Um das zu verhindern, wird es von Bedeutung sein, vor allem an der Nordostseite einen schützenden Zaun zu bauen.
- Entlang der öffentlichen Wege besteht von Staates wegen das Interesse, Gefahren abzuwenden und alle absterbenden Bäume, d.h. Pappeln, zu fällen. (Um diese Maßnahme wird man nicht herumkommen können.)
- Aus der Sicht der Denkmalspflege sollten Sichtbeziehungen zwischen Elbhang und Elbe wieder hergestellt werden. Gestaltungsziel ist hier die Herstellung eines Landschaftsparkes im englischen Stile, was eine Rodung des Pappelwäldchens voraussetzen würde.
- Aus der Sicht der Forstbehörde sollte die Fläche auch weiterhin für Versuchszwecke zur Verfügung stehen.
- Der Landschaftsgestalter will in Anlehnung an die Standortverhältnisse aus vegetationskundlicher Sicht eine Art „Loschwitzer Auenpark" errichten.
- Der Naturschützer hat die eigentlich auentypische Vegetationsformation einer Hartholzaue als Leitbild.

4. Um zu vermeiden, daß sich harte Interessenkämpfe entzünden, ist es nötig, daß für Menschen mit oben genannten oder weiteren Interessen ein Forum entsteht, in dem Gespräche, Auseinandersetzungen, gegenseitiges Wahrnehmen möglich werden. Erst hier in einem Rahmen der Gleichberechtigung kann Sachlichkeit entstehen, die nicht lähmt.

5. Es muß das Wagnis gewollt werden, daß sich möglicherweise zuerst oder mit der Zeit nur wenige Menschen echt und tatkräftig um das Wäldchen kümmern. Die Motivation für die Verantwortung liegt aber dann zu Recht im Verfolgen der eigenen Interessen.

6. Die Naturschutzbehörde hat primär beratende Funktion. Sie gibt die Verantwortung ab an die tatwillig interessierten Menschen und wacht darüber, daß der Austausch zwischen unterschiedlich gearteten Intentionen sowie auch der Austausch mit ihr stattfinden.

5. Tiere in der Landschaftsplanung – wozu?

Tierkartierungen werden im Vorfeld von Landschaftseingriffen bzw. -planungen immer populärer, zoo-ökologische Fachbeiträge werden forciert. Hierbei ergibt sich indes immer wieder ein Zwiespalt: Auf der einen Seite spricht eine Tier-Begegnung in ganz anderer Weise an als z.B. Pflanzen, auf der anderen Seite werfen die mit Tierkartierungen erzielten Aussagen immer wieder die Frage auf, was eigentlich als neue Qualität zu den meist grundlegenden Vegetationskartierungen hinzugekommen ist: Geht es nur darum, soviel verschiedene Organismen wie möglich zu berücksichtigen? Geht es nur darum, die vorhandenen Fachkenntnisse von Biologen, Ökologen etc. auszuschöpfen? Unterscheidet sich die Auswertung der erhobenen Daten prinzipiell von denen der Pflanzenkartierungen? Was bleibt von dem aktuellen Erlebnis der Tierbegegnung vor Ort in der abschließenden Stellungnahme erhalten?

5.1. Wie nehme ich zum „Tier" Bezug auf?

Offensichtlich ist uns unsere eigene Beziehung zum Tier nicht recht bewußt. Haben wir insofern überhaupt noch eine? Ein erster Schritt muß daher darin bestehen zu lernen, dem Tierhaften im Tier zu begegnen, sprich:

1. Wie beobachte ich Tiere?
2. Wie lasse ich mir deren Beziehung zur Landschaft bewußt werden?
3. Wie komme ich dazu, Tiere ihrer Natur entsprechend im Landschaftszusammenhang zu beachten?

Hierzu dienten die grundlegenden Übungen in der Projektgruppe „Pappelwäldchen". Sie waren Ausgangspunkt eines Dreier-Schrittes im Verständnis der Beziehung „Tier und Landschaft":

1. Das Tier wird als Indikator für bereits entdeckte bzw. angenommene Qualitäten des Ortes „verwendet": Die allenthalben auf dem bodennahen Laub des Pappelwäldchens kriechenden Nacktschnecken sind Indikatoren für die Feuchte des Ortes.
2. Das Tier wird als „Wegweiser" zu bisher unbeachteten oder unentdeckten Qualitäten verstanden: Die weißlich-violett verfärbten Vogelexkremente wiesen uns auf offenbar vorhandene Beerenfrüchte hin.
Hieran sind wir zu einem neuen Denken der Beziehung Tier-Umwelt erwacht: Wer macht denn die Frucht zur Nahrung, den Brombeerstrauch zum Schlaf- und Nahrungsplatz, zu einem fliegend durchschlüpfbaren Raumgebilde? Das Tier, der Vogel. Wir müssen also zuerst den Vogel erfassen, um daran für seine Umgebung zu erwachen.

Hier wird der Vogel zur Blickrichtung auf die Landschaft und führt zum dritten Schritt.

3. Gestalt (z.B. die belebte Körperform) und seine Umgebung sind ein Erlebnisraum des Tieres.

Dieser Aspekt soll im folgenden vertieft werden, indem in prinzipieller Weise auf das Tier in der Landschaft (und damit auch in der Landschaftsgestaltung) eingegangen wird.

Hiermit wird über die in der Landschaftswoche erübten Schritte hinausgegangen. Dies, um einen Versuch zu unternehmen, die von den Teilnehmern – nach der Tierbegegnung – erlebte Handlungslähmung zu überwinden. Nach den Tierbegegnungen waren die Teilnehmer in ihrem Drang, das Pappelwäldchen zu gestalten, deutlich zurückhaltender, ja teils wollten sie gar nicht mehr eingreifen.

Die Kapitel II.2. und II.3. haben ja bereits aufgezeigt, daß der Mensch in der Gestaltung prinzipiell ungezwungen, eigenständig ist. Dies bedeutet aber keine Handlungswillkür. Vielmehr gilt es, an der Wahrnehmung dem jeweiligen Problem eine ihm gemäße Haltung zu entwickeln. Dies gilt auch für das Tier in der Landschaft(splanung). Es wird sich im folgenden also darum handeln, wie man unter *Einbezug des Tieres* zu einem tiergemäßen, d.h. verantwortungsvollen, *insofern* freien Handeln gelangen kann.

5.2. Tier = ?

1. Wodurch unterscheidet sich unser Bezug zum Tier gegenüber den Beziehungen zu den anderen Naturreichen?
2. Welcher andere Aspekt von „Landschaft" kann hiermit erschlossen werden?
3. In welche Gestaltungshaltung führt mich eine der Tierbegegnung Rechnung tragende Betrachtungsweise?

In der Bewegung eines Tieres erleben wir ein von Innen heraus Impulsiertes: Dasjenige, was sich durch mein Blickfeld bewegt, bewegt *sich*. Es empfindet sich selbst und richtet sich aus. Wir erleben eine von Innen hervorgebrachte Gebärde. Jede Gebärde weist über ihre Form hinaus: Bei einem Pappmaché-Polizisten, der die Hand hochhält, erleben wir unmittelbar die Warnung vor etwas, was er selbst gar nicht darstellt. Er weist uns über sich hinaus auf einen bestimmten inhaltlichen Kontext hin. Wie unbewußt schlüpfen wir miterlebend in die Form der Puppe hinein und lassen sie uns so zur Bedeutung werden. Die Form wird zur Gebärde, indem *wir* sie erleben. (So kann uns ein Dreieck bloß in seiner geometrischen Form interessieren – eben als Dreieck. Es kann uns aber auch als ein Pfeil auf etwas hinweisen: Die Form wird zur Gebärde.)

Beim Tier ist dies allerdings anders: Wir brauchen erst gar nicht die Gestalt zur Gebärde werden zu lassen, das Tier ist in seinem Auftreten unmittelbar Gebärde. Das kann einsichtig werden bei einer auf der Lauer liegenden Katze: Wir sehen die Ausrichtung auf eine Beute unwillkürlich mit. Wir begegnen also etwas, das bereits von sich aus Gebärde ist. Es ist selbst mit einem ihm eigenen Empfinden versehen. Es erlebt sich selbst.

Die Beziehung von Gebärde und Kontext gilt auch für das Verhältnis des Tieres zur Landschaft: Damit lebt das Tier nicht allein in seiner Bewegung, sondern im Kontext seiner Gebärde. Das Tier ist mehr als nur ein Tierkörper in einer Umwelt, es ist eine seelische Einheit von Umgebung und belebtem Körper, ein Seelen-Raum. Landschaft und Gestalt sind Lebens-Raum eines Seelischen. Die konkreten Landschaftselemente und das Tier selbst werden zu Kulissenelementen eines Sich-Selbst-Erlebens.

5.3. Das Tier als Ganzheit ... ist eine Welt für sich

Jede Tierart besitzt eine ihr eigene, spezifische und hiermit auch in ihrer Weise festgefahrene, ja eingeschränkte Seelen-Beziehung zur Landschaft. Eine Annäherung an die Landschaft über die Tierbetrachtung führt daher in eine seelisch eng verwobene und begrenzte Beziehung:

„Plötzlich war da ein Fuchs vor uns, nur fünf Meter entfernt, geduckt durch die Krautschicht davonschleichend und vom 'Ertapptsein' wie erstarrt stehenbleibend, noch nicht einmal den Kopf zu uns zurückwendend ... später entdeckten wir dann auch seinen Bau."
Solche Begegnungen wie mit dem Fuchs im Pappelwäldchen haben etwas Intimes, man fühlt sich störend, man bemerkt: „Da hat noch wer anderes 'Interesse' am Pappelwäldchen."
Dies zu bemerken ist wichtig und gemahnt zum rücksichtsvolleren Umgang mit der Landschaft. Meine eigenen Gestaltungsimpulse werden zurückgewiesen und mir bewußt, sie werden auf eine Auseinandersetzung mit dem Gegebenen verwiesen.

Tier-Sein bedeutet ein Eins-Sein mit der eigenen Umgebung. Tier-Landschaften sind Ganzheiten. Tier-Sein bedeutet daher aber auch ein Gleich-Bleiben-Wollen. Tier-Sein bedeutet, innere Bilder an die Umgebung heranzutragen.

Angesichts eines Gestaltungs- bzw. Handlungsimpulses eines Menschen kann ein seelisches Erleben dieserart zu einer psychologischen Barriere werden. Das Tiererleben wird zu meinem Erleben. Das Selbst-Erleben (Selbst-Indentifizierung) differenziert nicht mehr zwischen dem eigenen und dem fremden Erleben. Ein Distanzhalten wird schwierig.

5.4. Sich das Tier gegenüberstellen

Nach dem ersten Schritt, sich mit dem Tier zu verbinden, ist nun die seelische Befreiung gefragt. Eine Überwindung ist allein durch die Bewußtwerdung der fremden Seelen-Haltung des jeweiligen Tieres möglich. Aufgabe ist es, das Tier in seinem seelischen Sein zu „vergegenständlichen", um es dadurch ganz um seiner selbst Willen wahrnehmen zu können. Wie kann dies gelingen?

Ein erstes ist bereits durch die genaue Beobachtung und Beschreibung derselben, durch Skizzen, Notizen etc. gegeben. All dies bedeutet bereits ein *Heraussetzen:*

Eine kurze Begegnung kann Welten bedeuten. Eine Eigenständigkeit, Ganzheit wird erlebt. Das nur flüchtig Erfaßte wird im Hineinschlüpfen (auch im Nachvollzug) verinnerlichbar: Was habe ich gesehen? Welche Gestalt hatte das Tier? In welchem Bildausschnitt habe ich es gesehen? Wie lange war die Begegnung im Sichtfeld, wie lange die innere Berührung (Wie lang hat der Vogel tatsächlich gesungen?)?

„Hupps – was war das? Klein, etwa mausgroß, eilig und wendig auf der Höhe der Kronenbasis durchs Geäst fliegend, flink und mit überraschenden Wendungen, ein kurzes 'Pink' ist vernehmbar, dann ein 'Zit-zerrretetet' des bereits wieder aus den Augen Verlorenen. Da war ein recht deutlicher Farbkontrast im Gefieder: Schwarz und Gelblich-Weißliches. Wie schön die aufgefächerten Flügel waren! ... Was? Das habe ich gerade tatsächlich beobachten können? ... Na, vielleicht kann ich mich an noch mehr erinnern. Moment: Also, der Schnabel war nicht sehr lang, sonst wäre er mir aufgefallen. Schwanz? Doch, der war auch da – auch nicht gerade auffallend lang. Aber da gab´s einen Hell-Dunkel-Kontrast: Irgendwie war der Schwanz außen weiß gesäumt ..."

Man kann im Rückblicken bemerken, wie sehr man innerlich stets mit anderen Arten/Tieren vergleicht. Man wird aufmerksam auf den inneren Kontext, in dem man das

Tier sieht (man wird auch aufmerksam darauf, wieviel man unbewußt doch schon von Tieren weiß!). Vor lauter staunender Berührtheit kann die Begegnung wie im Traum vorüberziehen. Danach erwache ich. – Um wach zu bleiben, hilft die Benennung, die Be-Zeichnung alles Gesehenen.

5.5. Art-(Be-)Stimmung

Der nächste Schritt zielt auf die Erfassung dessen ab, was ich da herausgesetzt habe, auf die Erfassung der Art und Weise des Seelischen. Hier gilt es, das zuvor unbewußte Vergleichen nun bewußt als Methode zu ergreifen. Im immer wieder von neuem zu aktualisierenden Vergleich grenzen sich die einzelnen Seelenhaltungen von selbst ab, beleuchten sich gegenseitig.

Halten wir gegen die eben beobachtete Kohlmeise den Buntspecht. Ihm begegneten wir nicht, als wir uns innerhalb des Bestandes durch das widerspenstige Unterholz den Weg bahnten, wie das bei der Kohlmeise der Fall war. Vielmehr beobachteten wir ihn, als wir mehr von außen auf das Wäldchen schauten. Oberhalb der mittleren Laubschicht im freien Stammbereich schwang er sich in großzügigen, eleganten Bögen von Baum zu Baum, dabei seine scharfen und durchdringenden „Kicks-Kicks-Laute" abgebend. Noch kurz vor der Landung stellte er sich aufrecht, um sich – auf seinen Schwanz stützend – mit seinen scharfen Krallen in der rauhen Rinde der Pappeln festzuklammern. Die „Stammrechte" verläßt er nicht so schnell: Um auf die Stammrückseite zu kommen, verschwand er seitwärts kletternd, um dann allerdings etwas weiter oben am Stamm - nur für einen kurzen Moment - mit seinem großen Schnabel um die Ecke zu lugen. Welch auffällige Gestalt, dieser Schwarz-Weiß-Kontrast, war da nicht sogar ein Rot? Groß, ja fast plump im Vergleich zu der leichten Kohlmeise wirkte er ...

Das Bemühen um eine möglichst scharfe Konturierung der jeweiligen Blickrichtung im Vergleich führt einerseits zu einem immer sichereren Erfassen dessen, was die spezifische Tierart ausmacht. Andererseits führt es dazu, in der aktuellen Begegnung immer mehr von diesem Artlichen bewußt zu halten. Hilfreich ist hierbei ein Vergleich von solchen Arten bzw. Artengruppen, die in einem gemeinschaftlichen Landschaftsraum vorkommen. Zum einem wird hierdurch die jeweilige Beziehung zur Landschaft deutlich, zum anderen wird einsichtig, daß Landschaft mehr ist als ein abstrakter, aus gegenständlichen Komponenten zusammengefügter, dreidimensionaler Raum. Vielmehr bringt erst die Bewegung, eine Innerlichkeit, den Raum zum Erlebnis. Landschaft ist insofern *Seelen-Raum*.

Das Tier ist im Vergleich zur standortgebundenen Pflanze ein flüchtiges Erleben, seine Erscheinung als Gebärde durchsichtig für sich selbst. Das Tier-Erleben bedarf immer der Aktualisierung, ist nicht einfach abrufbar, bedarf seines Kontextes. Das kann eine Situation in der Landschaft sein, das kann ein Artenvergleich sein. In der aktuellen Begegnung ist beides untrennbar miteinander verbunden.

Was ist das Sich-Erlebende? – Das, was Du wahrnimmst! Erwarte nicht erst ein Erleben eines Sich-Erlebenden zu erleben. Das Sich-Erlebende steht „wortlos" vor uns – ist es doch selbst das Wort. Lasse Dir die Erscheinung zum Gefühl, zur Stimmung werden. Nutze Deine Fähigkeit des Gefühls, der einheitlichen Stimmung aller Einzelerscheinungen zum Erlebnis der Zusammengehörigkeit von Umgebung und Tier-Gestalt und der Eigenart der Art.

Landschaftsgestaltung in der Stadt - am Beispiel der Trabantensiedlung Prohlis

Marianne Schubert und Thomas Hoffmann

1. Zur Geschichte von Dresden-Prohlis

Prohlis ist ein altes Siedlungsgebiet. Der Name wird auf das sorbische Wort „Priluh" oder auf das tschechische Wort „Proloh", Ort im Tal, in der Au, am Auenwald, zurückgeführt. Es wird auch mit „Pro-Lujss" = Waldschneise in Verbindung gebracht.

Im Jahre 1288 wird Prohlis (Prohlos) mit anderen 26 Dörfern der Umgebung erwähnt. Unter Beibehaltung des sorbischen Rundlings (dieser zählte kaum mehr als 200 Einwohner) entstanden Fachwerkbauten in Form von bäuerlichen Dreiseit-Höfen. 1710 beantragten die Prohliser beim Kurfürsten den Bau einer Schmiede. Es entstanden weiters fünf große Ziegelbetriebe, in denen der anstehende Lehm genutzt wurde. Durch diesen wirtschaftlichen Aufschwung nahm die Prohliser Bevölkerung bald zu. Waren es 1834 noch 132 Einwohner, so wohnten 1890 bereits 300 Menschen auf den Prohliser Fluren. Bis etwa 30 Jahre nach dem zweiten Weltkrieg erfreuten sich die Prohliser ihrer dörflichen Idylle, nur tangiert von der Bebauung des Geländes am Anger, wo 1950 Eigenheime und Reihenhäuser entstanden.

1975 begann die Umsetzung der vom Stadtrat genehmigten Bebauung der Prohliser Fluren. Zunächst verschwanden einzelne Gebäude, jedoch erfolgte nach und nach der Abriß des gesamten Dorfes, obwohl der Abriß von Dorfkernen nach dem Landeskulturgesetz von 1975 untersagt war. Zu diesem Zeitpunkt lagen Alternativvorschläge vor, die Schloß und Dorf der Nachwelt erhalten wollten.

In den Jahren 1976 bis 1980 entstand in Prohlis eines der größten Neubaugebiete Dresdens. 30.000 Menschen haben hier ein Zuhause gefunden. An die dörfliche Vergangenheit erinnern nur noch zwei (heute unter Denkmalschutz stehende) Gebäude, deren Giebel und Hoffronten Architekturformen aus der Mitte des 19. Jahrhunderts zeigen.

1.1. Entstehung der Plattenbausiedlung Prohlis

Das Neubaugebiet Dresden-Prohlis ist (neben Gorbitz) ein klassisches Beispiel des „Bauen auf der grünen Wiese" - das Stadtzentrum ist ca. sieben Kilometer entfernt. Die Planung geht zurück auf den Generalbebauungsplan von 1972/75, der von „industriell gefertigtem Massenwohnungsbau" beherrscht wird und mit der Entwicklung der Wohnungsbauserie WBS 70 eng verknüpft ist. Die Wohnungen für ca. 35.000 Menschen wurden von 1974 bis 1984 ausschließlich als sogenannte Typenbauten errichtet.

Die östliche Gebietserweiterung der Siedlung, aufgrund der sternförmig zusammengestellten Zehngeschösser und in Anlehnung an das (ehemals sowjetische) Raumfahrtzentrum „Baikonur" (= Sternenstädtchen) genannt, bildete den letzten, aber nicht minder erfolglosen Versuch, dem Plattenbau gestalterischen Reiz abzugewinnen.

Die Wohnbebauung setzt sich aus sechs- und zehngeschossigen Wohnblöcken auf ein-em ortogonalen und einem um 45 Grad verdrehten Raster zusammen. Die Blockstrukturen werden durch 17-geschossige Punkthochhäuser ergänzt. Insgesamt entsteht durch die zum Zentrum der Siedlung hin zunehmende Bauhöhe eine kompaktc Silhouette.

Die starre Vorfertigungs- und Montagetechnologie bedingte die L-Formen der Gebäudeblöcke. Die Wohnseiten mit den Balkonen sind in der Regel nach besonnungstechnischen Kriterien orientiert.

Zwischen den fünf Teilgebieten sind offene, stadträumliche Beziehungen erkennbar. Die Trennung öffentlicher und privater Räume spielt nur eine untergeordnete Rolle. Das Bemühen ist aber erkennbar, verkehrsberuhigte Hofbereiche zu bilden. Zwei ins Gebiet einbezogene Wasserläufe und die teilweise intensive Durchgrünung steigern den Wohnwert in den betreffenden Bereichen erheblich.

Die Gebietsmitte wird durch eine breite, zehngeschossig flankierte Querverbindung zwischen den Hauptverkehrsachsen gebildet. Sie nimmt im zentralen Abschnitt einige Läden, Dienstleistungen und Märkte auf.

Es ist das damalige, heute nicht ganz nachvollziehbare Bemühen erkennbar, sämtliche Schulen, Sporthallen und Seniorenheime an die Peripherie des Gebietes und damit an die verkehrsreichste Zone zu „verbannen". Die funktionierenden Freizeiteinrichtungen beschränken sich auf ein Freibad, eine Schwimmhalle und eine Handvoll Cafés in den Erdgeschossen der Wohnbebauung. Die Kindereinrichtungen sind in der Regel den Wohnhöfen zugeordnet.

Als Freiflächen erwähnenswert sind die größeren Grünpotentiale des Geländes der ehemaligen Ziegelei im Westen von Prohlis und die Flächen des Freibades Prohlis. Das unter Naturschutz stehende Ziegeleigelände ist mit seinem Tümpel (Feuchtbiotop) und einem wertvollen Baumbestand eine regelrechte Oase. Inmitten einiger Wohnhöfe fließt der Gerberbach. An seinen Ufern sind einige sehr reizvolle Situationen entstanden.

Mehrere Wohnhöfe sind inzwischen gut durchgrünt und gestaltet. Nahezu alle anderen und insbesondere die zentralen öffentlichen Bereiche (Prohliser Allee) leiden an einem hohen Versiegelungsgrad, zu wenig Großgrün, fehlender Stadtmöblierung und verschlissenen Oberflächenbelägen.

2. Die Arbeitswoche

2.1. Fragestellung der Arbeitsgruppe

- Hat der Landschaftsbegriff (und welcher?) in so übersiedelten Räumen noch etwas zu suchen?

- Welche Funktion übernimmt die „Restfläche/Abstandsfläche" zwischen den Häusern, und was kann dem Bewohner solcher Quartiere dort zum Erlebnis werden?
- Wie kann Vegetation sich unter dem enormen Nutzerdruck entfalten?
- Welche Verbindung kann der einzelne, der in solchen „Massenquartieren" lebt, zu *seinem* Außenraum eingehen?
- Welche Elemente der „freien Landschaft" können in diese Quartiere hineinwirken? Oder kann dieser „Künstlichkeit" nur mit einer „künstlichen Umwelt" geantwortet werden?
- Wo setze ich an in meinem Leitbild, um Handlungskriterien zu entwickeln?
- Welche Voraussetzungen sind für mich gültig?
- Welches Motiv hilft meinen Gestaltungen? (Romantische Vergangenheitsbilder, Zeitgeist, Modeerscheinungen ...)
- Wie kann ich dem Ort etwas Eigenes geben, das aus ihm und seinen Bewohnern entspringt und nicht „aufgesetzt" wirkt?

2.2. Die besondere Betrachtungsweise

1. Wir erleben einen Ort, in dem *eine* Gestaltungsintention in ihrer Dominanz zunächst massiv in den Vordergrund rückt, nämlich: schnell, mit billigen, rationellen Mitteln für viele Menschen gleichberechtigten Wohnraum zu schaffen.
Die differenzierten Qualitäten erleben zu können erfordert eine besondere Anstrengung, nämlich: Die sich sofort einstellende bzw. schon als Urteil mitgebrachte Antipathie beiseite zu schieben. Es ist gefordert: ein „Offenwerden" für die gegenwärtige Realität dieses Ortes.
2. Der Ort ist zunächst sehr städtisch bestimmt. Unser mitgebrachtes Bild von Naturzusammenhängen ist hier schwer auffindbar. Eine Vergangenheit des Ortes vor der Besiedlung ist in großen Teilen nicht erlebbar.
3. Durch die gewaltige Dimension des uniformiert Gebauten setzt sich bei der Arbeitsgruppe bald die Meinung durch, daß hier außergewöhnliche Erscheinungen zu außergewöhnlichen Methoden der Vorgehensweise rufen. Aus den Bildern der Vergangenheit Gestaltungsideen für die Zukunft ableiten zu können ist kaum möglich. Es bedarf eines ganz neuen Motivs.

2.3. Was hat hier „Landschaft" mit der Stadt zu tun?

Eine Stadt ist ein gebautes Ganzes, das ausschließlich durch den tätigen Menschen entsteht. Die Wirkung dieser gebauten Umgebung bringt mich (bewußt und unbewußt) mit den im weitesten Sinne moralischen Haltungen der Menschen, die sich diese Gestaltungen ausgedacht haben, in Kontakt.

„Landschaft" dagegen meint meist einen Naturraum, der sich aus sich selbst heraus entwickeln kann. Eingriffe des Menschen stehen in Wechselwirkung mit den Wachstumsprozessen, den Gestaltbildeprinzipien der Natur.

Als Betrachter nehme ich Anteil an diesem Wechselspiel und erfahre so etwas von den Geheimnissen der Gesetzmäßigkeiten in der Natur.

2.4. Zielsetzung für die Arbeitswoche

Ziel ist das Erarbeiten von Leitbildern für die Außenraumplanung, jedoch so, daß *Entwicklung* möglich ist.
Methodisch soll in zwei Richtungen vorgegangen werden.

1. Bewußtes Wahrnehmen der mitgebrachten *Vor-Stellungen* (Reflektieren auch meiner persönlichen Interessen, Neigungen, Wünsche etc.).
2. Hinschauen auf das, was ich am Ort vorfinde.
Daraus gilt es, einen 3. Schritt gemeinsam zu entwickeln:
Was gebe ich dem Ort Neues und warum? Welche Verantwortung ist damit verbunden?

2.5. Vorgehensweise

1. Tag:

- mitgebrachte Vorstellungen (Vorurteile) bewußt machen
- erste Planungsgedanken (die wir mitbringen) äußern
- *in* Prohlis: je einzeln durch einen bestimmten Teil des Gebietes spazieren und stumm Eindrücke sammeln
- Aufwachen durch die „Wirklichkeit" des Ortes

2. Tag:

- Reflektieren der Erfahrungen des Vortages
- *in* der Siedlung:
- drei ausgesuchte Standorte: Beschreiben, was ich sehe (ohne Wertung)
- Gefühle in einer zweiten Phase beschreiben
- zweiter Spaziergang durch die Siedlung: Begegnungen, Gespräche mit Bewohnern
- *um* Prohlis: Anschluß an den Umraum untersuchen

3. Tag:
- Reflektieren der Erfahrungen des Vortages
- Planungsgedanken von anderen - Besuch einer anderen Trabantensiedlung (Gorbitz)

4. Tag:
- Resümee in bezug auf die anfängliche Grundidee für eine Planung

3. Beispiele aus der Arbeitsgruppe

3.1. Mitgebrachte Vor-Stellungen

Vor-Urteile:
viele Menschen, wenig Grün
keine Lebensqualität
keine Raumbildung

hohe Häuser, lange Fluchten, gerade Strecken
Windprobleme
Parkplatzprobleme
Grüngestaltung fehlt
Grünflächen ungepflegt
nur „Abstandsgrün"
Kinder und Jugendliche fühlen sich besonders verloren

Vor-Planungen:
Farbe an die Häuser
Verbindung zwischen Mensch und Außenraum schaffen
Dachgärten
Fassadenbegrünung
Innenhöfe gestalten und begrünen
Hauptachsen gestalten
Details, z. B. Eingangsbereiche, gestalten
Wasser in die Außenraumplanung mit einbeziehen
Bodenmodellierung

3.2. Übungen

3.2.1. Nach einem Spaziergang durch Prohlis - erste Eindrücke

- die Grünanlagen zeigen unterschiedliche Qualität: vor allem die Privatbereiche (vor den Eingängen) haben eine Vielfalt in der Pflanzenauswahl
- es sind wenig Kinder auf den Spielplätzen
- so viel Grün besonders in den Innenhöfen, man sieht auf den ersten Blick keine Probleme
- das muß ein fruchtbarer Boden gewesen sein, vorher waren hier Obstplantagen, da gab es so viele Äpfel wie jetzt Menschen
- beim Bau des Gebietes wurde alles völlig umgestaltet
- Monotonie der Strukturen, nur drei Bautypen, erdrückende Großräumigkeit
- je länger man sich umschaut, desto deprimierter wird man
- die Randgebiete haben es besser
- menschliche Regungen nach außen in den Umraum sind durch die individuell gestalteten Balkone erkennbar.

3.2.2. Standortbeobachtung

Beschreiben, was ich sehe:
Standort: In der Hauptstraße am Einkaufszentrum
- weite Landschaft ist sichtbar
- Höhenzug in der Ferne; bewaldete, kleine Häuser am Hang
- Straßenkreuzung, laut, Straßenbahn
- Straßenflucht, Linien alle in eine Richtung
- weiter Abstand zwischen den hohen Häusern, dennoch Einengung am Ende der Achse:

weitläufiger Rhythmus entsteht durch versetzte Häuserblocks
- letztes Gebäude auf der rechten Seite springt aus der Flucht
- großflächiges, graues Gebäude ohne Fenster inmitten der Achse
- kleine Bäume entlang der Straßenbahnschienen
- laute Autos mit lauter Musik
- Menschen mit bunter Kleidung; weitere Farben: Dunkelgrün im Hintergrund, blauer Himmel mit weißen Wolken, graue Straßen, bunte Autos und Straßenbahnen
- Häuser: im Vordergrund zwei Verkaufscontainer
- Rechte Häuserfront: zwölf Treppenhäuser, die aus der Flucht hervorspringen
- linke Häuserfront: glatte Fassade, nach innen gehende Balkone
- keine Eingänge
- viele parkende Autos

Gefühle:

- unangenehmer Standort
- die Aussicht gibt Trost
- die Achse scheint ins Nichts zu führen
- Zwiespalt zwischen der Empfindung von Enge und der Dimension von Weite durch den großen Abstand zwischen den Häusern
- Längsrichtung vermittelt das Gefühl von Masse
- die Öffnung des Raumes hat auch etwas Begrenzendes

3.2.3. Was ich nicht erwartet habe - Rückschau

negativ:
- die öffentlichen Grünflächen sind nicht ergriffen und zeigen sich als Abstandsgrün mit nur wenigen Vegetationsarten; es ist keine „Lebendigkeit" zu spüren
- die Dimension und Gleichartigkeit der Häuserblocks läßt Bedrückung aufkommen, weil Orientierungshilfen wie Mittelpunkt oder Horizontlinie fehlen
- der Übergang von privaten zu öffentlichen Bereichen konfrontiert uns mit dem funktionalistischen Denken (z.B. Hauseingänge, Ausgänge in die Höfe, Treppenhäuser, Wege vom Haus zur Straße)
- selbst die „Kunstobjekte" strahlen keine Wirkung aus, sondern zeigen sich, wie auch vieles andere, nur als Möblierung.

positiv:
- starke Durchgrünung mit verschiedenen Pflanzen in einigen Höfen
- von einigen Standorten hat man einen weiten Ausblick in die Umgebung
- der Gerberbach mit seinem alten Baumbestand zeigt „idyllische" Spuren der Vergangenheit
- die Vorgärten der Wohnblocks sind von den Anwohnern liebevoll gepflegt.
- viele schöne Details, z.B. auch die individuell gestalteten Balkone, erzeugen ein lebendiges Erscheinungsbild. Hier ist der Gestaltungswille der Bewohner erkennbar.

3.3. Prohlis und sein Umfeld: Besuch von Gorbitz

Gorbitz erfährt z.Zt. im Wohnungsumfeld und im Wohnungsbau neue Gestaltungen.
Erlebnis:
- Fassaden bekommen neues Aussehen durch Farbe und neue Balkonbrüstungen, neue Isolierung
- im Außenraum werden Hügel aufgeschüttet, Pergolen, Bäume, Spielplätze, Möblierungen geschaffen
- sauberer Eindruck, Imageaufwertung
- „Kleinkariertes Muster".

Fazit als Stimmung in der Arbeitsgruppe:
- es entsteht keine neue Raumbildung, der Ort bleibt unbeseelt, die Gestaltung ist dem Ort von außen auferlegt
- das allein reicht nicht aus!

3.4. Resümee

Die mitgebrachten Urteile haben sich durch die Spaziergänge in der Siedlung verwandelt. Negativbilder konnten sich durch die Entdeckungen liebevoller Details ins Gegenteil ändern.

Beobachtungsübungen zeigten, wie die mitgebrachten Urteile immer wieder lenkten und bestimmte Blickwinkel bestimmten. Die gemeinsame Beobachtung half, verschiedene „einseitige" Blickwinkel zu einem größeren Ganzen werden zu lassen. Durch gezielte Wahrnehmungsübungen konnten neue Sichtweisen erschlossen werden.

Wahrnehmen, ohne gleich zu urteilen, Gefühle beschreiben, Ideen für die Planung entwickeln und diese wieder reflektieren (Woher nehme ich meine Urteile?), Planungsintentionen von anderen entdecken - dies alles verhalf zu einem Aufwachen am eigenen Tun und half, die Handlungsabläufe neu einzuordnen.

Immer wieder einlassen auf den Ort bedeutet auch, dem Ort etwas ablauschen, das zu neuen Leitbildern führen kann.

Die Frage nach einem Menschenbild kommt auf: Was ist dem Menschen gemäß? Wo sind am Ort, am Verhalten der Bewohner Sehnsüchte ablesbar?

Wie können planerische Angebote das Verhalten der Bewohner positiv beeinflussen?

Das Verantwortungsbewußtsein des Planers als „Identitätsgeber" wird deutlich! Durch das Hinschauen auf die Planungsintentionen anderer (Gorbitz) wird das eigene Motiv zum Handeln deutlicher.

4. Planungsansätze

4.1. Ausgangsbeschreibung

Der Spaziergang durch die Siedlung zeigt viele Wohngebiete, die durch die liebevolle Pflege der Bewohner (Balkone, Vorgärten) eine überraschend reizvolle Stimmung geben. Die Innenhöfe sind zum Teil stark begrünt, jedoch räumlich nicht gegliedert und gestaltet.

Der Bach hat an gewissen Stellen zusammen mit seiner Uferbegrünung schöne Landschaftsstimmungen und wird von den Kinderspielen belebt.

Die umliegende Landschaft bis zu den nächsten Dörfern ist als wertvoller Erholungsraum erlebbar.

Die Einkaufsplätze sind trostlose Konsumorte. Die Autos entlang der Wohnstraßen verhindern eine Gestaltung im nahen Wohnumfeld.

Die Aktivitäten innerhalb der Siedlung beschränken sich auf Wohnen bzw. Schlafen und Einkaufen, d.h. man ist versorgt. Die Häuser sind zu hoch.

4.2. Vorschläge

Die Bewohner sollten so weit wie möglich in die Außenraumplanung mit einbezogen werden. Besonders die Innenhöfe und Eingangsbereiche mit den Wohnstraßen sollten als halböffentliche Zone den Bewohnern zur Verfügung stehen und von Ihnen mitgestaltet werden. Hier sind Aufenthalts- und Arbeitsmöglichkeiten zu schaffen: Kleingärten, Schuppen, Fahrradreparaturplätze, Kleintierhaltung, Werken, Ateliers, Raum für Jugendliche etc.

Die liebevolle Detailpflege der Balkone und Vorgärten könnte Hinweis auf die Sehnsüchte der Bewohner sein. Sie vermitteln ein Potential der Gestaltkräfte der Menschen, die hier leben.

Die Siedlung ist dort am trostlosesten, wo der Mensch mit seiner Zuwendung zum Ort nicht erlebbar ist.

4.2.1. Planungsideen im Detail

Anbindung der Siedlung an ihre Landschaftsbezüge

Der Gerberbach zeigt eine ideale Verbindung zwischen der Landschaft und der Siedlung Prohlis auf, da er fast überall offen durch den Wohnbereich fließt. (Der Bach ist wohl das einzige sichtbare Relikt aus dem vergangenen Landschaftsbezug.)

Entlang des Gerberbaches sollte eine fußläufige Verbindung geschaffen werden, die Prohlis mit dem alten Dorf Nickern verbindet. Hierbei ist eine Renaturierung des Bachlaufes zu berücksichtigen sowie eine standortgerechte Bepflanzung vorzunehmen. Der Fußweg soll Räume aufweisen, die die Möglichkeit zum Verweilen bieten und auch auf die Schutzräume des Baches Rücksicht nehmen.

Der Übergang über die Hauptstraße könnte über eine Fußgängerbrücke ermöglicht werden.

Eine zweite Grünverbindung sollte entlang des zweiten Bachlaufes, der ebenfalls aus Richtung Nickern kommt, führen. Es besteht bereits ein kleiner Grünzug, der durch einen Weg ergänzt werden müßte.

Entlang des Schloßparkes, der durch seinen alten Baumbestand bestimmt ist, kann die dritte Grünverbindung entstehen. Ein bisher genutzter Trampelpfad, der durch das Wäldchen zu einer Haltestelle führt, könnte zu einem Fußweg ausgebaut werden. Über die Hauptstraße hinweg könnte ein weiterer Grünraum ergriffen werden.

Neben dem Schulgelände besteht ein kleines Grüngebiet, welches vollständig eingezäunt ist. In ihm befindet sich eine alte Tongrube sowie ein altes Ziegeleigebäude. Durch verhältnismäßig wenig Aufwand kann hier ein interessanter Naherholungsraum geschaffen werden.

Einbeziehen des Wassers in die Siedlung

Der Gerberbach sollte für die Bewohner besser zugänglich gestaltet werden, wobei Schutz-räume für die Tiere bewußt geschaffen werden müßten. Hierfür ist es unter anderem auch notwendig, daß eine Renaturierung des Baches erfolgt und die erforderlichen Retentions-räume für Hochwasserereignisse berücksichtigt werden.
Ergänzend zu der Gestaltung des Bachlaufes sollten die Regenwässer von den vorhandenen Dachflächen nicht in das Kanalisationsnetz, sondern offen durch die Wohnanlage geleitet werden. Dadurch entstehen Gestaltungsmöglichkeiten sowie eine Entlastung des Kanalnet-zes. Gleichzeitig kann überlegt werden, ob das anfallende Regenwasser vor Ort versickern soll oder wieder genutzt werden kann.

Schaffung einer neuen Mitte

In Prohlis bilden heute die Kaufhäuser den Mittelpunkt des öffentlichen Lebens. Hier gälte es, besonders durch städtebauliche und architektonische Maßnahmen eine neue Mitte zu gestalten, die ein intensiveres kulturelles Leben ermöglicht, das mit Cafés, kleinen Geschä-ften, Dienstleistungen, Ateliers, „Marktstimmung", Theater, Kinos etc. die Bewohner an-zieht und zum Verweilen anregt. Besonders der Autoverkehr müßte hier neu geregelt wer-den (evtl. Tiefgaragen). Eine sinnvolle Durchgrünung besonders auch mit großen Bäumen wäre dann parallel damit zu planen.
Wichtig erscheint es, die Wegverbindungen zwischen den halböffentlichen Eingangsbe-reichen und den Wohnstraßen zu den öffentlichen Räumen neu zu gliedern. Die starre, lin-eare „Kästchenplanung" könnte hier durch „organische" Linienführungen mit z.B. großzü-gigen Vorgartenbereichen befreit werden.

Innenhofgestaltung

Die Innenhöfe der Wohnblöcke sind in der Regel sehr groß, aber räumlich nicht gegliedert. Hier wäre genug Platz, um den „privateren" Bedürfnissen der einzelnen Hofgemeinschaften teilweise Rechnung zu tragen:
Sitzplätze z.B. am geplanten Bach, mit integrierten Spielplätzen für kleinere Kinder
Treffpunkte für die Jugendlichen und Erwachsenen auch mit „Werkstätten", Ateliers für eigene Betätigungsfelder
Mietergärten, Aufenthaltsmöglichkeiten für Familienfeste etc.
Vegetation in ihrer Differenzierung könnte abwechslungs- und artenreiche Flora entste-hen lassen, die einen Ausgleich zur Monotonie der immergleichen Häuser bringt
Baum-, Strauch- und Staudenflächen als raumgliedernde Elemente einsetzen.

Heilpädagogische Schule Bonnewitz

Susanna Züst, Jörg Richter und Werner Schneider

1. Einführung und Zielsetzung

Auf der Stauffenbergallee in Dresden wird eine heilpädagogische Schule auf anthroposophischer Grundlage geführt. Sie ist zur Zeit unserer Übungswoche von 35 Kindern besucht und soll in Zukunft eine Zwölf-Klassen-Schule mit ca. 100 Kindern werden. Die Schule wird 1995 nach Bonnewitz umziehen. Dort konnte sie ein baufälliges, zur Zeit in Renovation stehendes Haus aus der Jahrhundertwende samt einem 30.000 Quadratmeter großen Grundstück – einem alten Park – erwerben, das schon 1933 bis 1942 als heilpädagogische Schule diente. Bonnewitz ist ein kleines slawisches Bauerndorf, ein Rundling aus dem 12. Jahrhundert, das am Rande des Landschaftsschutzgebietes „Pillnitzer Elbhänge und Schönfelder Hochland" liegt.

Unsere Aufgabe besteht darin, unter Berücksichtigung der pädagogischen Aufgabe der Schule einen *Gestaltungsvorschlag* für das Gelände zu entwerfen. Park- und Geländestrukturen sollen zu einem neuen, auch funktional stimmigen Bild zusammenfließen.

Dabei gilt es, besonders zu beachten, daß sich Landschaftsgestaltung nicht wie ein Gebäude einmalig verwirklichen läßt. Es können nur gestalterische Impulse gesetzt und Entwicklungsrichtungen angelegt werden.

Einige Gedanken zu unserem Thema seien vorangestellt, um etwas wacher für die Besonderheiten der Planung für eine Schule, in unserem Fall sogar eine heilpädagogische Schule, zu werden.

2. Schule und Umgebungsgestaltung

Schule ist eine Einrichtung des modernen Lebens, insbesondere dann, wenn man unter Schule eine allgemeinbildende Volksschule versteht. In früheren Zeiten gab es keine derartigen Schulen. Das Drinnensein in der jeweiligen Lebensumgebung schulte den Menschen. Der Gang des Alltags, verbunden mit den verschiedensten Festen, formte die Gemüter und gab genügend Stoff zur Auseinandersetzung und zum Lernen.

In vielen Kulturen zog man sich nur in besonderen Lebensaltern für kurze Zeit aus diesem Alltag zurück und erhielt dann in Form von Einweihungsriten eine Art gezielter Schulung.

In Hochkulturen wurden einzelne, besonders begabte Menschen auch zu länger andauernder Schulung ausgewählt. Das Gros der Bevölkerung erhielt seine Schulung aber auch da durch das Leben selbst.

Mehr Verwandtschaft zu unseren heutigen Schulen dürften dann die Klosterschulen des

Frühmittelalters gehabt haben. Hier befaßte man sich vor allem mit der lateinischen Sprache und den heiligen Schriften, also mit religiös-philosophischen Themen. Die Ausgebildeten blieben im Gegensatz zu heute das ganze Leben innerhalb des klösterlichen Bereiches. Erst im Spätmittelalter trat dann mit der Gründung der Universitäten eine andere, ungebundenere Art der Schule auf. Hier wuchsen Gelehrte heran, die ihr Leben im Anschluß an die Schule selbst gestalten mußten und nicht mehr automatisch ihren Platz innerhalb eines schon vor Beginn der Schulung festgelegten, eng begrenzten Lebensbereiches einnehmen konnten.

Dieses Hinausdrängen des geschulten Menschen in den Alltag markiert einen gesellschaftlichen Umbruch! Das allgemeine Leben verlor seine tragende Kraft. Man lebte immer mehr in zwei Welten: in der gegebenen Welt des selbstverständlichen Alltages und in der durch die Schulung entworfenen neuen Weltsicht. Diese neue Weltsicht veränderte nun aber im Laufe der Zeit das Alltagsleben immer stärker. In dem Moment, wo die Lebensumgebung dadurch derart grundlegend verändert worden war, daß man durch einfaches Drinnensein die Lebensorientierung nicht mehr finden konnte, wurde gezielte Volkspädagogik nötig. Ungeschulte Menschen verloren in dieser Situation ihren Lebenshalt.

Im 20. Jahrhundert begann man, seelenpflegebedürftige Kinder, denen man früher wenig Beachtung geschenkt hatte, gezielt zu schulen.

Schulung bedeutet dabei im wesentlichen Herauslösen aus dem naturgegebenen Lebenszusammenhang. Dies bedeutet „Sich-den-Dingen-Gegenüberstellen" und Entwicklung von Bewußtsein am Gegenübergestellten.

Durch die Schule geht also zuerst die Umgebung verloren, alles orientiert sich nach innen, ins „Schulzimmer" hinein. Es entsteht dafür Bewußtsein. Aus diesem Bewußtsein heraus wird dann die Umgebung umgestaltet.

Bisher wurde dem Prozeß des Herauslösens und der Bewußtseinsbildung das Hauptaugenmerk geschenkt. Die „neue Umgebung" entstand wie von selbst. Viele Veränderungen in unserer Umwelt, etwa das Veröden unserer Städte, sind von niemandem so gewollt, sondern einfach entstanden. Wir fühlen uns diesbezüglich mehr als Opfer und sind uns unserer Täterschaft kaum bewußt.

Wie die erneute Zuwendung zur Umgebung erfolgen kann, ohne daß sie automatisch in die Verödung führt, ist eine Aufgabe, die sich einer modernen Pädagogik stellt. Die Frage heißt heute nicht mehr einfach: „Wie schaffe ich Bewußtsein über einen bestimmten Sachverhalt und wie wende ich mein Wissen technisch an?", sondern: „Zu welcher Lebensorientierung führt mein jeweiliges Bewußtsein und wie wirkt diese Lebensorientierung gestaltend auf die Welt?" Von da aus kann der Mensch wieder neu mit der Umgebung in Beziehung treten.

Für Schulen hat eine bewußt gestaltete Schulumgebung dabei eine besondere Bedeutung. Die Schulumgebung soll fürs erste einen Teil des Erlebnishintergrundes bieten können, aus dem heraus die Schritte zur Bewußtwerdung getan werden können. Dieser Erlebnishintergrund ist bei vielen heutigen Kindern nicht mehr gegeben. Fehlt er völlig, so kann auch nichts bewußt gemacht werden. Die Motivation zum Lernen wäre dann ganz verloren.

Gelingt es darüber hinaus, die Schulumgebung so zu gestalten, daß das äußere Naturbild mit den Bedürfnissen der Menschen zu einem Ganzen zusammenschwingt, so wäre damit ein Bild geschaffen für einen neuen Umgang mit der Natur, für die erneute Zuwendung zur Natur.

Damit steht der Gestalter vor einer umfassenden Aufgabe: Er muß die besonderen Qualitäten und die Entwicklungsmöglichkeiten einer Schulumgebung gut kennen, und er muß sich in die Bedürfnisse der Schüler und der Lehrer, von den rein funktionellen bis hin zu grundlegend pädagogischen, intensiv eingelebt haben. Ja, er muß sich sogar darüber klar sein, daß wesentliche Seiten dieser Bedürfnisse vielleicht im Moment noch gar nicht faßbar sind und sich erst im Laufe der Zeit in der Auseinandersetzung mit der Naturumgebung entwickeln. Dies hat zur Folge, daß er einen wichtigen Teil seiner Arbeit darin sehen muß, eine solche Auseinandersetzung anzuregen. Nur dann kann die Hoffnung bestehen, daß die Schule in ein inniges Wechselverhältnis mit ihrer Umgebung tritt und eine gemeinsame Entwicklung beginnen kann.

3. Die Arbeit vor Ort

An zwei von den vier Nachmittagen beschäftigten wir uns mit dem Kennenlernen der Landschaft um das Dorf und um die Schule; einen weiteren Nachmittag besuchen wir die Schule an ihrem heutigen Ort und näherten uns im Gespräch den Anforderungen, die die Schule an das Gelände stellt. Daraus resultierten im letzten Arbeitsblock Gestaltungsskizzen zu Einzelbereichen des Schulareals.

3.1. Erster Tag

Am ersten Tag suchen wir den großräumigen Bezug.

Mit weitem Abstand umwandern wir das Planungsgebiet. Von zwei gegenüberliegenden Haltepunkten aus skizzieren wir, wie die Schule in die Landschaft eingebettet ist.

Zurückgekehrt an unseren Tagungsort und (immer noch) den (Fahrrad-) Wind in unseren Gesichtern, lassen wir die erlebte Landschaft anhand von gesammelten Gegenständen – Holzsplitter von einem Buchenast, Baumfrüchte, Moospolster ... – nochmals an uns vorbeiziehen. Auf dem Weg gesammelte Pflanzen versuchen wir im Rückblick so zu ordnen, daß sie den Verlauf unseres Weges beschreiben. Die Freude am Raten erleichtert uns die Erinnerung an die Aufenthaltsorte. Beim Rückblick vergegenwärtigen wir uns die Kinder, die hier dereinst die Schule besuchen werden.

3.2. Zweiter Tag

Am zweiten Tag sammeln wir Eindrücke auf dem letzten Teil des Schulweges und suchen nach dem „Gesetz" des Ortes.

Vom Dorfausgang Graupas, ein Nachbardorf, nähern wir uns wandernd dem Bonnewitzer Dorfplatz, jeder ganz bewußt für sich alleine wahrnehmend. Dazu gehört der Blick auf die Landschaft, wie ihn dereinst die Kinder aus dem Schulbus heraus erfahren könnten. Angekommen auf dem Dorfplatz von Bonnewitz setzen wir unsere Wahrnehmungen von diesem Weg zu einem gemeinsamen Bild zusammen:

Linkerhand der Straße bietet sich ein von vielen bevorzugter Blick auf sanfte, schwingende Hügel mit Wäldern und Äckern. Rechterhand säumt eine junge, kränkelnde Baumreihe die Straße. Etwas weiter entfernt sieht man Hochspannungsleitungen, die uns zum weiten Elbtal hin wie einzäunen.
Ein leichter Wechsel im Niveau, d.h. das langsame Absinken der Straße zum Dorf hin, wird als markante Änderung im Gelände erlebt: Nun konzentriert man sich mehr und mehr auf die gerade Straßenachse, die auf das Dorf hinführt. Seitlich ungleich, links flacher und rechts betonter durch ein Bord, eine Pappelreihe und eine Mauer, wird man ins Dorf zu den Häusern hingeführt – wie in einen Trichter. Nach der engen Stelle folgt eine plötzliche Ausweitung: Wir stehen im alten Runddorf.

Vom Dorfplatz führt ein geschwungener Weg entlang eines Bächleins und durch eine alte Allee bergaufwärts zum Schulhaus. Paarweise gehen wir diesen Weg, einer schließt die Augen und konzentriert sich auf das Hören, der andere führt ihn und beobachtet die Veränderung der zu sehenden Bilder. Beim Austauschen der Wahrnehmungen entdecken wir, daß wir vieles vom Geschilderten nicht beachtet hatten. Wir gehen – nun alle sehend – den selben Weg nochmals.

Beispiele von Wahrnehmungen:
„Blinde" nehmen Temperatur- und Geruchsänderungen differenzierter wahr als Führende (z.B. den Bach, die lange und kühle Hauswand).
Jemand hatte ein starkes Raumempfinden durch hoch oben im Baum singende Vögel.
Die Alleebäume werden von Blinden und Führenden dunkel, bedrohlich oder freundlich, umhüllend erlebt.
Das Auftauchen des künftigen Schulhauses erleben viele als plötzlich, unverhofft.

Anschließend erkunden wir das schuleigene Parkgelände. Zuerst suchen wir darin den uns liebsten oder den uns abstoßendsten Ort, unseren „Ver-Dichtungs-Ort", indem wir uns ganz unseren unmittelbaren Eindrücken von Sympathie und Antipathie hingeben. Wir halten dies in zwei Sätzen fest, die wir uns dann gegenseitig vorlesen. Eine Reflexion unserer Gedanken zeigt, daß die Ortswahl von den verschiedensten persönlichen Motivationen und Gemütslagen bestimmt wurde:

Der Bach übte eine starke Anziehungskraft aus und inspirierte zu folgenden Gedanken:
Der Fluß des Wassers – Fluß der Gedanken.
Die Durchsichtigkeit des Wassers – Klarheit und Reinheit des Herzens.
Der Lichtspiegel des Wassers – Spiegel der Seele.
Weiter wurde eine uralte Linde mit dicken, ausladenden und tiefhängenden Ästen bei einer Lichtung aufgesucht.
Ein lichtes Areal in Hausnähe, das von einer alten, aus Sandsteinquadern aufgebauten Mauer, einem heckengesäumten Hohlweg und einer verfallenen Orangerie begrenzt ist, war ein dritter Ort, der von vielen aufgesucht wurde.

Um im Hier und Jetzt bewußt zu werden, erhält jeder die Aufgabe, an dem Ort seiner Wahl in irgendeiner Weise tätig zu werden. (Dabei wurden z.B. ein Bild aus den Materialien der Umgebung zusammengestellt, ein Staudamm am Bach gebaut, eine Zeichnung der Umgebung angefertigt ...)
In der Nachbesprechung wird deutlich, wie stark wir bei solch einer Übung auch uns selbst wahrnehmen, uns im Bild des Ortes wiederfinden.
Nach Pillnitz zurückgekehrt, typisieren wir die Bonnewitzer Landschaft: Sie ist weit und birgt viele die Horizontale betonende Elemente. Ihre feine Gliederung, ihre Struktur wird erst mit dem Spiel des Lichtes erahn-, erkennbar. Auf dem Schulgelände wiederholt sich diese großräumige Landschaftsbewegung: Anhöhe mit einer alten Baumreihe – Senke zu einer der Waldlichtungen und zum Bach.

3.3. Dritter Tag

Am dritten Tag besuchen wir die Kinder in der alten Schule in Dresden.
Als Einstimmung auf ein schulbezogenes Gespräch tauschen wir Erinnerungen an eigene, naturbezogene Entwicklungsmomente in unserem Leben aus. Wir wollen uns ein Bild verschaffen über die Naturbeziehung im Kindesalter und gehen von der grundsätzlichen Überlegung aus, daß jedes Kind, ob gesund, behindert oder krank, Naturbegegnungen braucht. Drei verschiedene Lebensabschnitte betrachten wir:
Phase des Kleinkindes
Entdecker-, Eroberungsalter mit zehn Jahren
Phase der Pubertät
Deutlich steht uns der Unterschied zwischen Kindern, die in der Stadt, und solchen, die auf dem Dorf aufwachsen, vor Augen. Mit zunehmendem Alter verschiebt sich das Verhältnis von Natur-Empfinden, -Entdecken und -Erobern zunehmend in Richtung Erobern.
Im Gespräch mit einem Lehrer der Schule versuchen wir, den Wünschen an die Gartengestaltung des neuen Schulhauses näher zu kommen. Der Lehrer schildert uns die häufigsten Behinderungen der Kinder sowie den Tages- und Jahreslauf des Schullebens. Zwei Beispiele von Kindern, die viel Natur brauchen: ein Kind, das mit bloßen Händen in der Erde gräbt, Bäume fällt und daraus Buden baut; daneben ein autistischer Junge, der sich auf ausgedehnten Spaziergängen stundenlang müde laufen muß. Generell gilt, daß alle Kinder sich gerne draußen beim Spielen aufhalten, ihre Konzentrationsfähigkeit jedoch bald abnimmt.
Das Lehrerkollegium hat sich noch wenig mit dem zukünftigen Garten beschäftigt. Im Gespräch stoßen wir auf viele Anregungen und verschiedene Fragen, die behandelt werden müssen: Pflegearbeiten, Verhältnis zu Tieren, Verbindungen zum Dorf, Parkplatz, Willkom-

menssituation, gesetzliche Bestimmungen zur Parkerhaltung, Erweiterung zu einer 12-Klassen-Schule und Neubau, eventueller Landkauf in Liebetal ... Wir bedauern, das begonnene Gespräch nicht mit dem Kollegium weiterführen zu können.

3.4. Vierter Tag

Am vierten Tag sucht sich jeder einen Teilbereich, den er planerisch gestaltet.

Dabei ist es wichtig, nicht sofort eigene Ideen zu projizieren. Die Fragestellung lautet: „Paßt meine Idee zum Ort und zu den Anforderungen der Betroffenen?"

Zurückblickend auf die bisherige Arbeit besinnen wir uns zuerst auf die Landschaftseindrücke (vorhandene Qualitäten) und die Bedürfnisse der Kinder (Idealbild). Damit ausgerüstet wollen wir einzelne Bereiche des Schulgeländes gestalten: den Eingangsbereich der Schule einschließlich Parkplatz, die nähere Umgebung der Schule (mit Gewächshaus und Werkstattbereich), den Schulgarten mit der weiteren Umgebung der Schule (bereits vorhandene Obstbäume), den Spielplatz und den Zugang zum Bach vom Schulhaus aus. Indem wir uns im zu gestaltenden Gebiet aufhalten, können wir am Beobachtbaren und Bestehenden anknüpfen und dieses (auf dem Papier) Schritt für Schritt verwandeln.

3.4.1. Beispiele aus den Gestaltungsvorschlägen

Die Wahl der Orte für die Gestaltungsvorschläge erfolgte etwas zufällig, da noch kein ausgereiftes Gestaltungskonzept für das ganze Gelände bestand. In der Arbeitswoche war es schon aus Zeitgründen nicht möglich, ein solches zu erstellen, zudem sollte dies nicht ohne die Benutzer des Geländes erfolgen.

Den Gestaltungsskizzen liegt nun aber doch ein verborgenes Gesamtkonzept zugrunde, das sich ohne vertiefte Auseinandersetzung aus einigen Grundangaben und -annahmen entwickelt hat. Dies sei hier den konkreten Gestaltungsvorschlägen vorangestellt:

Der Park mit den vielen alten Bäumen soll erhalten bleiben.
Die weiteren Gebäude sollen im vorderen Teil des Geländes stehen.
Die Zufahrt erfolgt vom Dorfplatz her.
Das zweite Schulgebäude sollte in der Gegend der Remise stehen, die offene Fläche des großen „Sportplatzes" bleibt erhalten.
Das Heimgebäude wird im nördlichen Teil des vorderen, offenen Geländeteils geplant, oder aber doch irgendwo im Park drinnen.

All diese Vorannahmen müßten natürlich noch weiter bedacht werden, sie halfen uns aber, überhaupt Gestaltungsvorschläge im Kleinen machen zu können.

Eine wichtige Erfahrung beim Vorstellen unserer Entwürfe war die Notwendigkeit, noch stärker die Besonderheiten und Bedürfnisse der heilpädagogischen Kinder zu berücksichtigen.

Bei verschiedenen Vorschlägen wurde deutlich, daß ein Gestaltungsimpuls seine Leitbilder nicht nur aus der vorhandenen Landschaft und dem Blick auf die zukünftigen Nutzer, die Kinder, schöpft, sondern auch durch zum Teil unbewußte persönliche Wünsche und Bilder bestimmt wird.

84

Beispiel 1: Schulweg und Eingangsbereich

Welches *Erleben* will ich im Kind anregen?
Kinder sollen nach einer langen Busfahrt durch ihre Sinne angeregt werden, damit sie wach und aufmerksam werden.
Das Erlebnis des Ankommens an ihrem Schulort soll verstärkt werden, die Kinder sollen sich willkommen geheißen und wohl- und zu Hause fühlen.

Was kann *Begrüßung* sein?
Aufeinander Zugehen
Blickkontakt
Langsames Annähern, Ankommen, Aufgenommenwerden
Geste der geöffneten Arme

Jetzige Situation:
Der Weg ist relativ abwechslungsreich: z.B. gibt es verschiedenste Geräusche (Bach, Vögel, Dorfgeräusche). Die hinführende Allee wirkt begrenzend und auch leitend, beschützend, führend. Es ist relativ dunkel. Die Bäume haben einen domartigen Charakter und etwas Ehrfürchtiges und Beschützendes. Das langsame Aufsteigen des Weges trägt zu dieser ehrfürchtigen Stimmung bei. Unvorbereitet tritt der Besucher auf den offenen Vorplatz und wird übergangslos mit der kompletten Größe des Gebäudes konfrontiert. Der Platz ist noch ungestaltet.
Das Gebäude wirkt durch gerade Linien und gleichmäßige Färbung abweisend, übermächtig und erdrückend. Durch die Asymmetrie der Fassade sucht der Blick nach Ruhepunkten. Diese finden sich im Dachgiebel in Form eines großen Fensters und in der Rundung des Turmes, der den Blick nach oben zieht und mit seiner Spitze gen Himmel deutet. Von hier wandert der Blick zu den Baumkulissen, die das Gebäude einrahmen. Links Birke und Eiche (gegensätzliche Baumcharaktere), rechts Ahorn. Es fällt schwer, sich auf die Tür zu konzentrieren, die im Vergleich zu den umgebenden Fenstern recht schmal und klein ist. Die schmale, rechteckige Form wirkt abweisend.

Fragen:
Wie nähern sich Kinder dem Gebäude? Können sie zu Fuß vom Dorfplatz aus laufen oder müssen sie bis zur Schule gefahren werden?
Werden die Kinder auf dem Weg genügend auf die Schule vorbereitet?
Kann das Identifikationsgefühl dadurch unterstützt werden, daß die Kinder selbst den Weg mitgestalten?
Sollten sie das Gebäude sofort in seiner ganzen Erscheinung sehen?
Welche Linien des Gebäudes und seines Umfeldes wirken auf Kinder und Erwachsene?
Wirkt das Gebäude wirklich so bedrohlich oder meinen das nur die Erwachsenen?

Anregungen zur Gestaltung:
Wenn die Kinder in der Dorfmitte an der Bushaltestelle aussteigen, können sie nach einer langen Busfahrt auf dem kurzen Fußweg vielfältige Sinneserfahrungen machen, sie spüren Wind und Wetter, hören, riechen, sehen die verschiedensten Dinge, auch die des Dorflebens (Hühnergeschrei, Hämmern, das Rauschen des Baches, Menschenstimmen u.a.m.), werden wach und aufmerksam.

Das einzige störende Element auf dem Fußweg zur Schule könnte die lange, graue Wand eines Steingebäudes unmittelbar rechts des Weges sein. Ist eine farbige Gestaltung der Wand durch die Schüler selbst möglich? Das würde zur Identifizierung der Schüler mit ihrem Schulweg beitragen, und sie würden jedesmal gerne daran vorbeigehen. Frage: Fühlen sich Kinder wirklich in einer von ihnen selbst gestalteten Umgebung am wohlsten? Können uns die Kinder unsere Gestaltungsaufgabe abnehmen?

Der Zufahrtsweg sollte eine einladende Bewegung zeigen, die zur Schule hinführt, nicht von dieser weg. (Wie ist es auf dem Heimweg?)

Unmittelbar vor der Lindenallee könnte ein Tor die Schüler empfangen und sie darauf hinweisen, daß sie jetzt in den näheren Schulbereich eintreten. Das Tor könnte von den Kindern selbst bemalt werden.

Der Schulweg sollte an verschiedenen Stellen Durchblicke erhalten, die das Auge allmählich auf das Gebäude vorbereiten.

Die Betonplatten können durch eine Natursteinpflasterung ersetzt werden, welche zusätzliche Motive aufweist (z.B. eine riesenlange Schlange, die sich vom Beginn bis zur Schule windet).

Der Weg zur Schule muß befahrbar bleiben (Rollstuhlfahrer ...), evtl. Ausweichplätze für entgegenkommende Autos schaffen.

Die Fläche rechts des Weges sollte möglichst ruhig gestaltet werden. Eine beruhigende, angenehme Wirkung geht z.B. von einer ebenen Rasenfläche aus, in die einzelne Blütensträucher eingesetzt sind.

Im Eingangsbereich, unmittelbar vor der Schule, können Sommerblumen- und Staudenbeete die hereingehenden Schüler erfreuen. Außerdem wäre eine Fassadenbegrünung mit z.B. Wildem Wein angebracht.

Parkende Autos haben im Eingangsbereich der Schule nichts zu suchen. Das notwendige Parken der Autos kann auf der unteren Wiese links der Lindenallee geschehen.

Auf dem Vorplatz muß ein überdachter Begrüßungsplatz für Schüler und Lehrer vorhanden sein, der gemütlich und aufnehmend auf sie wirkt.

Möglichkeit, der Schule ihr wuchtiges Aussehen zu nehmen: Schule durch eine Pflanzung teilweise verdecken, z.B. einen Baum an die Stelle, an der früher ein Bergahorn stand (Baumstumpf ist noch da). Der heftige Eindruck wird dann abgedämpft, und trotzdem sehen die Schüler ihre Schule. Eventuell alternative Wegführung zur Schule am Rande der Absenkung.

Beispiel 2: Schulgarten, Orangerie, Natursteinmauer

Die größte Schwierigkeit für uns bestand darin, die Pläne der Schulgemeinschaft bezüglich der geplanten Neubauten auf diesem Gelände auf- und anzunehmen. Gerade dieser Bereich, an dem wir unsere „ganz persönlichen Orte" gefunden hatten, erschien uns nämlich viel zu schön zum Bebauen. Erstaunlicherweise ließen sich aber die benötigten 800 Quadratmeter Baufläche doch in unsere Anregungen für den Ort sehr gut einbeziehen.

Beschreibung des jetzigen Zustandes des zukünftigen Baugeländes nahe der alten Orangerie:

Zwischen Thujahecke und Remise hindurch laufen wir an der alten Orangerie vorbei zu den neuen Pavillons. Links liegt eine etwa 500 Quadratmeter große Fläche, die von einer alten Natursteinmauer begrenzt wird. Die beiden neuen Pavillons bilden die Grenze des

Geländes. In einem Halbrund an die Pavillons schließen sich Obstbäume und Wildgehölze an, die sich nordwestlich mit dem Ende der Mauer treffen.

Einige Ideen zur Zukunft dieses Ortes:
Definieren dieses Raumes als Kulturraum zwischen Haupthaus und der Wildnis des Parks; Gestaltung verschiedener Raumqualitäten (Räume und Nischen), Anlage einer dorfähnlichen Platzsituation mit einem Brunnen und einem Baum, Erlebnis von Sinnesqualitäten und Naturwahrnehmung für Kinder; Erlebnis des eigenen Tätigseins im Garten, Schaffung von überdachten Arbeitsräumen, Verbindung der gewachsenen Geschichte (Orangerie, Mauer ...) mit den Anforderungen des Neuen.

Konkrete Vorschläge
Die Natursteinmauer bleibt bestehen, die Thujahecke wird schrittweise auf eine Höhe von

etwa 2,5 Meter heruntergeschnitten. Auf der großen Wiese entsteht ein großer Schulgarten, die alte Orangerie wird zu einem Gewächshaus umfunktioniert. Auf ihrer Nordseite befinden sich Geräteschuppen und überdachte, offene Werkräume etwa für Steinarbeiten oder für Kupfertreiben.

Mit den bereits bestehenden Pavillons bildet dieser Komplex einen Hof. Der Hof könnte gepflastert werden, in der Mitte steht ein Brunnen. Der Zwetschgenbaum wird durch eine Linde oder einen Birnbaum ersetzt. Es entsteht ein geschützter Innenraum, der dorfangerartigen Charakter hat.

Das zukünftige Baugelände schließt sich im Halbrund an die bestehenden Pavillons an und erstreckt sich bis nach hinten auf die nächste Wiese. In diesem zweistöckigen Gebäude können Werk- und Therapie- sowie Mitarbeiterräume Platz finden. Eine weitere Baumöglichkeit wäre die angrenzende Wiese, auf der heute die alten Garagen und Schuppen stehen.

Wir denken, daß der Pflanzgarten nahe bei den Häusern einen weitaus besseren Platz findet als weit entfernt im Parkgelände. Die alte Orangerie und die Natursteinmauer erzählen aus der Vergangenheit des Ortes und können so im Zusammenspiel mit dem neu Entstehenden die besondere Qualität des Ortes erspüren lassen.

Beispiel 3: Südhang

Heutige Situation:
Wir stehen unter dem Laubdach einer Eiche. Rechts von uns schlängelt sich ein Bächlein an Bäumen und Sträuchern vorbei Richtung Bonnewitz. Gerade bei unserer Eiche mündet ein Betonrohr aus der Wiese in den Bach ein und versorgt ihn mit Wasser. Oberhalb des Rohres ist das Bachbett trocken. Man kann hier die dunklen, fast schwarzen Kieselsteine und den etwas helleren Sand sehen.

Wenden wir den Blick nach links, so fällt er auf das von hohen Bäumen umrahmte, halbversteckte Schulgebäude.

Vor dem Türmlein steht eine schräg gewachsene Birke. Ihre Blätter hängen wie ein graublaugrüner Schweif zum Gebäude hin und berühren es beinahe. Hinter der Birke und neben dem Haus steht je eine mächtige Eiche, deren Blattwerk sich in kräftigem Muster vom Himmel abhebt. Auf der anderen Seite greift ein noch junger, wüchsiger Ahornbaum weit in den Raum hinaus und verdeckt einen großen Teil des Hauses.

Von diesem Ahornbaum stammen wohl auch Samen, aus denen die Schößlinge gewachsen sind, die nun den ganzen Hang vor dem Gebäude mit einem Stangendickicht überziehen. Vor diesem Dickicht liegt noch ein winziger Rest einer Lichtung, die mit spärlichem Gras bedeckt ist. Hier liegt auch viel altes Holz und Laubwerk herum.

Insgesamt befinden wir uns eher in einem düster modrigen Raum, der durch die Fassade der Schule ein wenig aufgehellt wird.

Schülerbedürfnisse:

Der oben beschriebene Grundcharakter eines Ortes in unmittelbarer Nähe zur Schule scheint den Bedürfnissen der Schüler wenig zu entsprechen. Es besteht aber gerade für jüngere Schüler sicherlich ein Bedürfnis nach einem eigenen Erlebnisraum, der noch nicht zu weit von der Hülle der Schule entfernt ist. Ein Ort, an dem man sich aufhält, sollte aber nicht nur von feucht-dumpfem Charakter sein. Ein solcher Ort müßte auch die Qualitäten hell und trocken aufweisen. Die Schüler könnten sich dann je nach Jahreszeit und Veranlagung mehr dem Feucht-Dumpfen oder mehr dem Hell-Trockenen zuwenden. Ein Aufenthaltsort darf für Schüler nicht nur ein Ruheort sein. Er muß auch Möglichkeiten zur Betätigung bieten (das Spiel mit dem Wasser, das Sam-meln von Wildbeeren und Nüssen, die Möglichkeit, sich in den Sträuchern zu verstecken, das Schneiden von Ästen usw.).

Gestaltungsgrobentwurf: (Karte)

Der Ahornstangenwald wird gerodet. Es entsteht ein offener, heller, südexponierter Raum. Zur Schule hin wird eine Hecke mit vielen fruchttragenden Sträuchern und einigen Brombeerstauden (am schattigeren Rand auch Himbeeren) gepflanzt. Die Wie-senfläche wird vergrößert. Dadurch steigert sich der Charakter des Hellen und Trockenen. Auf der anderen Seite erleichtern einige große Steine den Zugang zum Bach. Die markanten, harten Formen geben auch dem eher modrig weichen unteren Bereich eine „helle, trockene" Note. Auf beiden Seiten wird das Gebiet durch lockeres Buschwerk abgegrenzt. Ein Weg führt parallel zum Bach durch diese Buschbereiche hindurch. Am unteren Rand unserer Fläche zweigt ein Weg nach oben ab und führt neben der Aussichtskanzel hinauf zum freien Gelände um die Schule. Unter der Kanzel fällt der Blick durch ein Tor in ein-en dunklen Raum. Das Tor soll offen bleiben und mit seiner Schwärze im Bereich des Hellen einen dunklen Akzent setzen.

Die hohen Bäume am Bach entlang bleiben stehen. Nach unten zum Dorf hin gesellen sich zu den Bäumen höhere Sträucher (Haselnüsse, Holunder). In diesem Bereich soll auch im-mer etwas Holz und Laub vermodern.

Plan zum Gestaltungsgrobentwurf

Erlebte Kultur

Emil Weinmann

Wenn die Bürger der neuen Bundesländer oft und gerne nach dem Westen reisen, weil es da viel zu sehen und nachzuholen gibt, so gilt dasselbe im umgekehrten Sinne auch für uns Westler. Auch wir haben, was deutsche Geschichte und Kultur, viel nachzuholen. Ich möchte hier ein paar Situationen schildern, in denen die Begegnung mit einem bestimmten Ort bei mir eine innere Betroffenheit auslöste und zu einer mich lange bewegenden Erfahrung wurde.

Das erste Beispiel erscheint, äußerlich gesehen, unbedeutend. Für mich war es dies aber nicht. Beim Besuch des Elbealtarmes bei Dobritz stiegen wir auch auf den riesigen Trümmerberg. Er ragt hier als ein mit Bäumen und Sträuchern überwachsener künstlicher Hügel aus der Ebene. Mit jedem Schritt wurde mir bewußt, daß sich unter mir der Schutt und die Trümmer der Altstadt von Dresden befanden. Da, unter mir, befand sich also das, was einst Ruhm, Glanz und Schönheit von Dresden ausmachten. Allein der Gedanke daran erschütterte mich zutiefst. Nun ist hier eine ganz neue Kulturlandschaft entstanden, in der die Jugend von heute ihre Freizeit verbringt, ohne sich der wahren Bedeutung dieses Ortes ganz bewußt zu sein. Unwillkürlich kamen mir die Worte von Friedrich Schiller im *Wilhelm Tell* in den Sinn: „Und neues Leben sproßt aus den Ruinen.“

Einige Tage später stand ich in der Altstadt vor der Ruine der Frauenkirche - in ihr ging ein Meisterwerk der Architektur des christlichen Abendlandes verloren. Nun wird sie wieder aufgebaut. Die Trümmer sind bereits weggeräumt, die einzelnen Steine fein säuberlich numeriert und hinter riesigen Gittern versorgt, geordnet und verschlossen. Sie sollen in der mit großem Aufwand geplanten Rekonstruktion wieder ihren alten, authentischen Platz erhalten. Es wird aber trotzdem nicht mehr die alte Kirche sein. Seit ihre Glocken zum letzten Mal erklangen, hat sich die Welt verändert. Und wenn sie, bereits im neuen Jahrtausend, von neuem ertönen, wird es wahrscheinlich nicht mehr viele Menschen geben, welche die Katastrophe der Zerstörung bewußt erlebt haben. Auch die Menschen sind anders geworden. Diese Gedanken stimmen mich nachdenklich. Wird dann, so frage ich mich besorgt, die alte, neu erstandene Frauenkirche als Denk- und Mahnmal bei den Strömen von Touristen aus aller Welt die gleiche innere Betroffenheit auslösen, wie wir sie heute noch an diesem für mich durch das Blut und das Leid einer ganzen Stadt geweihten Ort erleben können?

Immer, wenn ich in Dresden bin, denke ich auch an Richard Wagner. Im Liebetaler Grund errichteten ihm seine Verehrer im Jahre 1933 ein imposantes Denkmal. Es ist der Ort, den Wagner fast täglich aufsuchte und wo er seine Inspirationen für den *Lohengrin* erhielt. Diese Gedenkstätte habe ich an einem Nachmittag auf einer Fahrradwanderung gesucht und schließlich, nach etlichen Umwegen, auch gefunden. Sie befindet sich in einer hochromantischen Schlucht, welche der Wesenitzbach in urferner Vergangenheit in das Sandsteingebirge der Sächsischen Schweiz, in der Nähe von Pirna, eingegraben hat. Da steht er nun, Richard Wagner, überlebensgroß, in Bronze gegossen, vor einer mächtigen Felswand, die von Pflanzen und Bäumen bewachsen bis zum Himmel aufzuragen scheint. Vor dem Denkmal sind einige Sitzplätze zum Verweilen angebracht, daneben fließt der sprudelnde Bach vorbei und gleich dahinter, direkt gegenüber dem Denkmal, türmt sich ein anderer Felsen auf. So bildet die Schlucht einen Raum, der im Hintergrund von einer alten, weitgehend zerfallenen Mühle abgeschlossen wird. Also eine einzigartige Szenerie, wie ineiner Wagner-Oper, jetzt aber durch den Abendhimmel, der sich weit oben darüber wölbt, in ein mythisches Halbdunkel gehüllt. Wagner selbst ist als Hüter des Grals dargestellt, umgeben von Allegorien seiner Kunst. Auf dem Sockel des Denkmals steht in großen Buchstaben eingraviert: „Des Ritters drum sollt Zweifel ihr nicht hegen ..." Im Banne dieser ganz besonderen Atmosphäre fühle ich mich aufgefordert, die angesprochene Sentenz der Gralserzählung zu ergänzen. Und obwohl ich mit dem Auswendiglernen von Texten immer etwas Mühe hatte, gelingt es mir, die folgenden Zeilen aus dem Untergrund des Gedächtnisses herauszulösen, und ich beginne, dieselben innerlich ergriffen dem unsichtbar anwesenden Publikum vorzutragen.

> „Des Ritters drum sollt Zweifel ihr nicht hegen,
> erkennt ihr ihn – dann muß er von euch ziehn.
> Nun hört, wie ich verbotner Frage lohne!
> Vom Gral ward ich zu euch daher gesandt:
> Mein Vater Parzival trägt seine Krone
> sein Ritter – ich – bin Lohengrin genannt."

Das Echo meiner eigenen Stimme, die sich hier mit der Natur und der Kunst, aber auch mit dem Phänomen von Raum und Zeit verband, klingt auch heute noch als tiefe, persönliche Erfahrung in mir nach.

Emil Weinmann (Jurist im sogenannten Ruhestand) gehörte in ganz besonderer Weise zur Übungswoche, denn er mußte sich unermüdlich um die verschiedensten organisatorischen Probleme kümmern. Da gab es Quartiere umzubestellen, täglich mußte er die Anzahl bereitszustellender Mittags-Menüs erfassen, dieses oder jenes war immer zu regeln, zu klären, zu besorgen, zu kassieren – kurz, es gab genug zu tun. Da es ihm neben seiner unermüdlichen Tatkraft nicht möglich war, noch regelmäßig eine Arbeitsgruppe zu besuchen, hat er sich in der raren Zeit, die ihm blieb, selbst auf den Weg gemacht, um die Anregungen aus dem morgendlichen Seminar in Eigenregie ernst zu nehmen.

Richard Wagner (1813-1883), Komponist & Dichter
Denkmal von Richard Gühr in Liebethaler Grund

Bildnchweis

Torsten Arncken: S. 13
Cornelis Bockemühl: S. 35, 36

Jochen Bockemühl: S. 10

Laurens Bockemühl: S. 88

Mathias Buess: S. 61, 62, 64

Andrea Eiter: S. 79, 82

Gesellschaft für sozialen Wohnungsbau Berlin: S. 14

Cristobal Ortin: S. 48, 49, 63

Sächsische Landesbibliothek: S. 12

Werner Schneider: S. 81

Städtisches Vermessungsamt der Landeshauptstadt Dresden: S. 34

Hans Vereijken: S. 51, 52

Verlag Freies Geistesleben: S. 12, 24

F. Zadnicek: S. 11, 27, 90

Hans-Christian Zehnter: S. 2, 3, 17, 20, 21, 23
                                                                    S. 37, 55, 56, 70, 71

Weitere Schriften der Naturwissenschaftlichen
Sektion am Goetheanum

Georg Maier
OPTIK DER BILDER
Dornach 1984
Verlag am Goetheanum

Jochen Bockemühl
ERWACHEN AN DER LANDSCHAFT
Dornach 1992
Naturwissenschaftl. Sektion am Goetheanum

Jochen Bockemühl
EIN LEITFADEN ZUR HEILPFLANZENERKENNTNIS
Dornach 1996
Verlag am Goetheanum

In Vorbereitung

Cornelis Bockemühl, Hans-Christian Zehnter,
Susane Züst (Redaktion)
DIE INDIVIDUALITÄT EINER LANDSCHAFT
Bericht zur Übungswoche für Landschaftsgestalter
und Ökologen 1995 in Ungarn

Cornelis Bockemühl (Redaktion)
GEOLOGIE UND ANTHROPOSOPHIE IM GESPRÄCH
Bericht den naturwissenschaftlichen
Arbeitstagen 1995 in Dornach

Zeitschrift

ELEMENTE DER NATURWISSENSCHAFT
Erscheint zweimal jährlich.
Verlag der Kooperative Dürnau